7天

定位高中

选科

张　天　刘文壮◎主编

安徽师范大学出版社
ANHUI NORMAL UNIVERSITY PRESS

·芜湖·

图书在版编目(CIP)数据

7天定位高中选科 / 张天, 刘文壮主编 . — 芜湖 :安徽师范大学出版社, 2023.8
ISBN 978-7-5676-6347-3

Ⅰ.①7… Ⅱ.①张… ②刘… Ⅲ.①高等学校 – 招生 – 介绍 – 中国②毕业生 – 高中 – 升学参考资料 Ⅳ.①G647.32

中国国家版本馆CIP数据核字(2023)第146363号

7天定位高中选科　7 TIAN DINGWEI GAOZHONG XUANKE　　　张天　　刘文壮◇主编

策划编辑:吴顺安　郭行洲　　责任编辑:吴毛顺　　责任校对:孔令清　辛新新
装帧设计:王晴晴　姚远　　责任印制:桑国磊
出版发行:安徽师范大学出版社
　　　　　芜湖市北京东路1号安徽师范大学赭山校区　　邮政编码:241000
网　　　址:http://www.ahnupress.com
发 行 部:0553-3883578　5910327　5910310(传真)
印　　　刷:安徽新华印刷股份有限公司
版　　　次:2023年8月第1版
印　　　次:2023年8月第1次印刷
规　　　格:700 mm × 1 000 mm　　1/16
印　　　张:19
字　　　数:310千字
书　　　号:ISBN 978-7-5676-6347-3
定　　　价:68.00元

前言

我是一名老师：专门帮助同学做学业规划的老师，专门帮助家长同学做选择的老师。

孩子上幼儿园纠结上公立的还是私立的，中考填报志愿纠结选哪所高中，高中选科纠结选哪个组合，高考填报志愿纠结选哪个大学和专业，这一路走来我们不停地做选择题。这些重要的时刻、节点，每一次选择都有可能会影响孩子的一生。

高中选科的时候，很多家长同学会非常焦虑，原因基本有三点：

第一，成绩不理想。

冷静下来，你会发现你焦虑的不是高中选科，倘若今天不用选科，9科全考，你依然会很焦虑。所以，你焦虑的更多的是成绩。我们选科有一个很重要的目的——提高学习积极性，从而提升成绩。

第二，对陌生的恐惧。

无论是家长还是孩子都是第一次经历"选科"，对选科的规则很陌生，网上的信息和说法又众说纷纭，很担心一不小心做出了错误的选择。而且，家长对于选科也不是很了解，很难和孩子进行充分、有效的沟通，但又不放心孩子自己选择，于是心里更没底，从而产生很强烈的无力感。

第三，对未来的迷茫。

中学阶段，家长和孩子很有可能出现这样的对话：

家长：你未来想干吗？

孩子：不知道……

确实，让一个没正式进入社会的十几岁孩子，突然决定未来一辈子的事真的有些强人所难。一个人没有目标，就没有方向、没有想法。因此，高中选科某种程度上关系孩子未来的目标和方向，是一次很重要的抉择。

高中选科从第一批试点的浙江，到现在基本覆盖全国，经过时间的沉淀，各个组合的优缺点逐渐显现,能填报的专业也明确下来。

本书将带着家长、孩子将三点焦虑的原因:成绩不理想、对陌生的恐惧(选科规则)、对未来的迷茫——解决,快速把选科这件事彻底弄清、弄懂,摆脱焦虑。

本书包括7个专题(7天学习的内容),大家可以按照流程一步一步了解高中选科。

第一天　高中选科底层逻辑;

第二天　高频选科组合解析;

第三天　低频选科组合解析;

第四天　选科误区及其解读;

第五天　选科之前先选专业;

第六天　大学专业选科要求;

第七天　选科之后的经验谈。

"用简单的方法讲清复杂的知识"是本书的核心思想。不同于市面上套话连篇、晦涩难懂的图书,本书采用比较口语化的表达,结合从业这些年遇到的诸多真实案例,讲清选科相关问题,提升阅读体验和效率。

本书相对客观地给大家讲解各个组合的优点、短板和误区。没有最好的组合,只有最适合的组合,大家按照我们的经验把选科的7个专题一一走过、执行,将来不留遗憾。做好这次选择,剩下的交给努力。

感谢在本书编写过程中给我们帮助的高中老师、志愿填报师、正在各行业努力工作的毕业生,祝你们工作顺利、万事遂心!

感谢在读的高中生、大学生,是你们的经历让大家看到了选择的重要性,祝你们学业有成、金榜题名!

感谢所有为了孩子有个好前途而在背后默默付出的家长们,是你们对孩子教育的重视让我们相遇,感谢信任!

目录

第六天　大学专业选科要求/231

第七天　选科之后的经验谈/253

第一天

高中选科底层逻辑

1 3+3和3+1+2是什么意思

2014年我国实行高考改革,从原先的文理分科变成了现在的新高考选科。新高考分为3+3和3+1+2两种模式。

浙江、上海、北京、山东、天津、海南等实行的是3+3模式;辽宁、江苏、河北、湖北、重庆、黑龙江、吉林等实行的是3+1+2模式。

3+3模式:第一个3代表三个基础学科语文、数学、外语(以下简称"语数外",其他学科表述类似),这三个基础学科是必须选的;第二个3代表在物理、化学、生物、历史、政治、地理六科中自由选择三科。(浙江多一门技术科目)

3+1+2模式:第一个3代表三个基础学科语数外必须选;1代表物理和历史两科必选其中一科;2代表在剩下的化学、生物、地理、政治四科中选择两科。

3+3模式相比较3+1+2模式更为自由,六个学科自由搭配。比如除了物化生、物化地、物化政、历史地、历政生以外,还可以选择物生政、物生地、历政化、物历政等组合。

3+1+2模式相对传统,物理和历史两科必选一科。虽然有一定的限制,但在高考后填报志愿的时候相对轻松和简单。

3+3模式高考只有一个本科线,省内(市、区内)所有的同学经过赋分后,都在一起排名。

3+1+2模式高考有两个本科线,即物理组本科线和历史组本科线。所有物理组同学经过赋分后,在一起排名;所有历史组同学经过赋分后,在一起排名。这就将省内考生分成了两个赛道,互相不产生竞争。在大多采用3+1+2模式的地区,历史组的本科线往往高于物理组的本科线。

2 什么是赋分制，为什么要赋分

过去高考的时候，理科生和理科生竞争，文科生和文科生竞争，相当于两个赛道。新高考下，物化生、物化地等不同组合的学生，都是彼此的竞争对手。

过去理科生竞争，他们考试的各科试卷的难度是一样的。但是现在如果选择物化生组合和选择物化地组合的同学一起竞争，最后一科生物和地理的试卷难易程度是不一样的。所以直接用他们的高考分数去竞争，有可能会因为试题难度的差异而产生不公平的情况，于是产生了赋分制。

赋分制的"赋"，我们给它组一个词是"赋予"，也就是"给"的意思，重新给你一个分数。赋分的范围是全省、全直辖市或者整个自治区，很多家长误以为是全校赋分或者全国赋分。

3+3 模式赋分科目：除了语数外以外，六个科目都进行赋分，也就是物化生政史地都进行赋分（浙江多一门技术科目）。

3+1+2 模式赋分科目：化学、生物、政治、地理。3+1+2 模式的物理和历史不参与赋分，用卷面的原始分直接计入高考成绩。

【你懂了吗】化学赋分：选择物化生、物化地、物化政、历化生、历化地等组合的同学，高考阅卷结束之后，会将所有化学科目单独拎出来进行排名。根据你的排名，按照固定的比例重新给化学一个分数。这里要说明的是，物化生组合中的化学和历化地组合中的化学，高考后化学是一起赋分的，而非很多家长误认为的物理组一起赋分，历史组一起赋分。

地理赋分：物化地组合中的地理、物生地组合中的地理和历政地组合中的地理，地理单科进行赋分后，重新给地理一个分数。

网上有很多讲解赋分的具体公式及计算方法，但家长和同学根本没必要自

已算,因为高考阅卷之后,系统会自动赋分,高考分数就是赋分之后的分数。

赋分的具体规则和计算公式:

选择物化生、物化地、物化政、历政化等包含化学的组合的同学,他们的化学科目成绩都将在一起赋分。

我们把这些同学的化学单科先拎出来。假设存在一个很大的容器,将所有这些选化学同学的化学单科成绩倒进这个容器里,容器已经提前分好了100、97、94、91等多个等级。对于一位同学,我们不看他的卷面分到底考了多少,只看他排到哪一个等级。

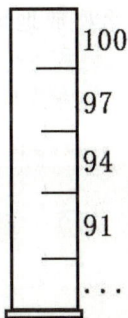

比如这位同学化学考了95分,但是排名到97分等级,那么这位同学化学赋分之后的成绩就是97分。高考查分的时候,他的化学分数是97分,这种是往高赋分。

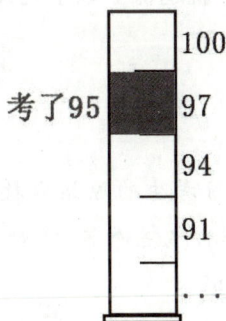

还有另外一种情况,比如一位同学化学考了92分,但是他的排名排到了91分等级,那么他的化学赋分之后的成绩就是91分。高考查分的时候,他的化学分数是91分,这就是往低赋分。

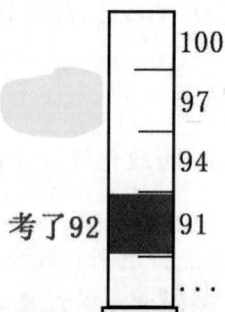

考了92

可能有的家长会好奇,赋分之后得分的多少和选这科的总人数有没有关系?答案是没有直接关系。比如选择化学的人比较多,那么盛放化学成绩的容器就大。选择地理的人比较少,那么盛放地理成绩的容器就小。

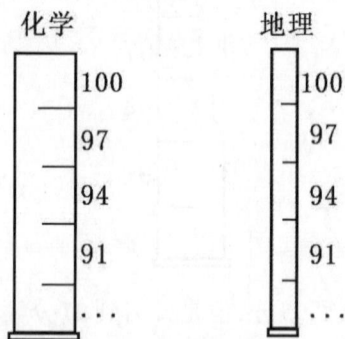

化学　　　　　地理

总之,赋分制就是你选择的科目的高考成绩在全省选择这科的同学中排名越高,赋分就越高;排名越低,赋分就越低。以下是赋分制的具体公式及计算方法,感兴趣的家长可以自己参考计算。

赋分制算分步骤:

1.确定赋分区间。将每个科目考生的原始分数,按从高到低的顺序排列,并按照一定的比例划出A、B、C、D、E五个等级,对应的分数区间分别为100～86、85～71、70～56、55～41、40～30。

2.确定原始分数区间。与赋分区间相对应,以每个科目实际参加考试的人数及其得分来确定原始分数区间。

3.利用公式进行计算。设原始分数区间最大值与某学生原始分数之差为R,原始分数区间最小值与某学生原始分数之差为r,赋分区间最大值为A,最小

值为 a，赋分成绩为未知数 T，其余均为已知数。赋分公式为 $R/r = (A - T)/(T - a)$，经过计算，四舍五入取整即可得出 T 值。

（算法来源于互联网，不同地区可能存在细微差别，请以各地区具体计算方法为准）

我们回到最开始举的例子。选择物化生和物化地组合的两位同学，根据赋分后的总分就可以进行排名了。通过赋分的规则，得出的总分可以让新高考选科的模式更加公平。所以，我们家长能做的就是帮助孩子在本省内的竞争中处于有利位置。

3 哪些科目赋分占优势

当我们了解了赋分的规则之后,很多家长和同学比较关心的就是哪些科目在赋分的时候更占优势。我们在选科的时候一般有两个目的:

(1)我选择的这个科目成绩非常好,可以帮助我取得高总分。

(2)我想学某个专业,该专业的选科要求必须选择这个科目。

想要赋分的时候占优势,这个科目必须满足两个条件:

(1)选择这个科目的"学霸"占比比较低。

(2)选择的这个科目考满分或者超高分的难度较大。

先说第一点,我们想要了解哪个科目的"学霸"占比比较低,那就得知道哪个科目的"学霸"占比比较高。首先是生物,因为很多"学霸"特别钟情物化生,当我们物化已经确定了的时候,增加生物这一科目,并不会让我们的专业选择面宽多少。选择生物的同学大多数是生物单科成绩非常好,所以生物的"学霸"占比非常高。同样再看化学,很多成绩偏差的同学讨厌学习化学,再加上很多"学霸"特别钟情物化这种组合,所以化学的"学霸"占比也比较高。

【你懂了吗】你的生物考了80分,但是因为选生物的"学霸"太多了,80分以上的人非常多,你的80分虽然不低,但是排名可能并不高,所以生物学科赋分就很难赋高分。(即使有些地区生物自主命题,生物试卷难度系数大,生物赋分整体偏高,但那也是所有人都高,你并不能占到多大便宜。)

反之,地理和政治有没有"学霸"呢?有,但是选择偏文科的同学,更多是物化成绩不是很理想,所以地理和政治的"学霸"占比相对比较低。因此从这一角度看,地理和政治这两个科目赋分时能占到一定优势。

再看第二点,选择的这个科目考满分或者超高分的难度较大,赋分就能占优势。哪个科目考满分或者99分、98分的难度较大呢?答案显而易见是地理和政治这两门学科,每年化学和生物这种科目都会出现一些满分和超高分。

提问：假设我的孩子地理考了95分，95分在全省所有选地理的同学里面排名第一，那么95分赋分后是多少呢？（　　）

A.100　　　　　B.97　　　C.95　　　D.110

【解析】答案是A。因为在赋分制的条件下，一定要有人得满分。当孩子地理考了全省第一的时候，无论他卷面得了多少分，赋分之后的总分一定是100分。

【你懂了吗】因为地理和政治考满分和超高分的难度非常大，所以有可能出现全省第一只能考95分的情况。95分赋分为100分，那么93分就有可能赋分为97分，91分赋分为94分。因为95分以上是真空的，所以大家的赋分会整体往上升。

这就是在大多数地区地理和政治赋分偏高的一个原因。实践表明，在新高考实行了多年的地区（如江苏、山东、辽宁、浙江、北京、上海等）已经出现了多届高考考生地理、政治赋分偏高的情况。

4 走班制是什么意思

原先文理科高考的时候,只有物化生和历政地组合,所以学校排课都是以固定班级的形式存在,如1~10班是物化生理科班,11~13班是历政地文科班。随着新高考的推进,出现了诸多的组合,学校在分班的时候出现了两种管理模式。一种是走班制,一种是固定班制。

有一部分学校实行全校走班制,走班制的意思就是一个班级内会有多种组合的同学。比如:语数外一起上课;物理课的时候,选物理的同学去物理大教室上课;地理课的时候,选地理的同学去地理大教室上课。

固定班制的意思和原先高考类似,比如刚上高一的时候,大家都是九科一起学,选科结束之后,出现了很多组合,1~5班是物化生,6~8班是物化地,9~10班是物化政,11~12班是物生地,13班是政史地,14班是政史生(此处为举例说明)。但还有其他小众选科组合选择的人非常少,学校不予开班,或者开设混合班。15班即混合班,是各种小众选科组合,这些同学实行走班制。

【优缺点】

走班制的优势是可以选择的组合多;缺点是班级环境不稳定,自制力较差的同学很可能放任自流。

固定班制的优势在于同学们关系稳定,师资稳定;缺点是有的学校并不能把所有的组合全部开班,有的同学想选某个小众选科组合,但学校不予开班,这些同学只能退而求其次,选择其他组合。

在全国范围内,目前大多数学校都是以固定班的形式存在的。所以各位家长在孩子选科的时候,一定要第一时间和班主任确认学生所在学校是哪一种管理模式,同时需要和班主任确认上一届开设的组合都有哪些,这样就会避免孩子和家长经过深思熟虑后选择了某一种组合,结果学校不开班的尴尬情况。

　　如果该学校固定班制和走班制同时存在,建议家长优先选择固定班,哪怕固定班的组合并不是孩子的第一选择。对于"学霸"来说,自制力较强,走班制并不会影响他们的学习节奏,但对于成绩一般、自制力较弱的学生,走班制存在非常多的不确定性,家长和学生一定要注意这个问题。

第二天

高频选科组合解析

1 物化生组合的优缺点

【优　点】

A.专业覆盖率非常高

物化生组合的专业覆盖率非常高,高考志愿除了警校的公安学类专业,政治学类、马克思主义理论类以及民族学等专业不能填报外,其他专业基本都可以填报。

三个误区:第一个误区是网上盛传选择物化生组合的考生是不能填报警校或军校类专业的,这一点不对。选择物化生组合考生虽然不能填报警校中的公安类专业,但是可以填报公安技术类专业(分数比公安类专业高);考生可以填报军校类的专业更多。

第二个误区是网上盛传学医必须选择物化生组合,我们这里指的医学专业一般泛指西医类的临床医学、口腔医学、麻醉学、医学影像学等专业,但是大多数医学院校的这些专业其实仅仅要求物理+化学,只有少部分的学校要求是物化生组合。所以我们只能说选择物化生组合的考生报考医学专业是占优势的,但是不能说学医必须选择物化生组合。

第三个误区是网上盛传选择物化生组合的考生不能报考公务员,这个也是大错特错。

B.学科关联性非常强

物化生三科都属于理科,对于逻辑思维能力相对较强的孩子,学起来相对轻松。学科关联性:类比篮球、排球和橄榄球这三项运动,虽然是不同的运动,但是原理相通,这也是为什么有的篮球运动员曾经是排球运动员,有的橄榄球运动员转行变成了篮球运动员。物化生这三科,就好比篮球、排球和橄榄球三项运动,在学习的整体思路上有很多共性,组合在一起学习,学起来相对轻松。

C.师资力量相对较好

我们发现,无论是普通高中还是示范性高中,在偏理科的班级,不少学校会把好的师资优先配备给物化生组合(固定班的情况下),而且大多数学校的火箭班、强基班、实验班基本上也是物化生组合。物化生的师资力量一般情况下比物化地、物化政等组合稍强，所以选择物化生组合获得较好师资的概率要比其他组合高。

D.学习氛围相对较好

前文讲过，地理赋分一般情况下会偏高，大多数家长在网上也获取了这方面信息。因此，成绩偏弱的同学为了提高自己的总分，非常青睐地理这种赋分偏高的学科，于是选择物化地或者物生地组合。物化地和物生地组合有没有"学霸"呢？有！但是整体"学霸"占比偏低。网上盛传一种说法，中等生选物化生很可能成为炮灰，所以很多中等生并不太敢选物化生组合，这就导致了物化生组合学生的成绩整体相对优于别的组合，从另外一个角度导致物化生组合如果是以固定班的形式存在，学习氛围会更好。所以，物化生固定班整体学习氛围相对较好是物化生组合最大的优势之一。这里要注意，如果孩子所在学校物化生组合班级超过一半，这个优势就不明显了。

【缺　点】

A.学习压力大

物化生组合因为整体"学苗"稍微偏好，导致这种班级内部竞争非常激烈。选择物化生这种纯理科组合的同学，他们的理性思维更强，同学与同学之间的交流可能不如文科班那么活跃。这就是有的同学进入物化生班级之后，觉得班级的学习氛围太压抑了，受不了而选择转到其他学科组合班级的原因。

B.计算量大

物理、化学两个学科知识点多、概念多、公式多、实验题多、计算题多，需要大量的计算，生物需要抠大量细节，也需要刷题，这就增加了学习难度。选择物化生组合往往会出现两个极端，优秀的太优秀，差的更差了。

整体来看，物化生组合优点居多；缺点对于大多数同学是可以克服的，这也是原先高考会把这三个科目放在一起的原因，选择这个组合一般不会后悔。

2 物化地组合的优缺点

【优　点】

A.专业覆盖率高

物化地组合的专业覆盖率和物化生相似,都是非常高的,高考志愿除了警校的公安学类专业,政治学类、马克思主义理论类以及民族学等专业不能填报外,其他专业基本都可以填报。

警校公安技术类专业(分数比公安学类专业高)、军校都可以填报,未来报考公务员也完全可以。另外,大多数医学院医学类专业(中医、西医、中西医)也可以填报。

B.学科关联性较强

地理学科分为自然地理和人文地理。人文地理偏向文科,需要较强的举一反三能力和记忆能力;自然地理偏向理科,需要较强的逻辑思维能力和一定的计算能力。自然地理既然有这种偏向理科的特点,和物化搭配在一起学习,自然学起来相对轻松。

C.地理学科赋分有优势

地理学科因为"学霸"占比较低,考满分或者超高分的难度又较大,所以地理学科赋分比较占优势。尤其是对于考30~50分的同学,高考赋分的时候甚至可以多赋20分;平时考60~70分的同学,高考赋分的时候有可能多赋10分以上。这一情况在新高考实行多年的地区已经表现明显,所以对于地理成绩稍好于生物、政治成绩的同学,选择物化地组合,确实可以达到提升总分的效果。

【缺　点】

A.进入实验班的概率较低

大多数学校都会开设物化地组合,但遗憾的是,大多数学校的实验班基本上是物化生组合,极少数学校是物化地组合。所以物化地班级有可能会出现学生成绩参差不齐的现象,有一部分"学霸",有一部分中等生,也会有一部分成绩较差的学生。因此,对于成绩较好的同学建议优先选择物化生组合。

B.地理学科的"不确定性"

很多家长曾经听过这样一种说法,地理学科个别试题答案有一点出乎意外。这到底是什么意思呢? 就是答案有一定的"不确定性"。比如说看短视频的时候,会发现一些制作精良的视频没有什么流量,但有的人随手发了一个短视频,就可能有成千上万的点赞量,甚至一夜暴红。这就是我们说某些短视频暴红有一定的偶然性,没有办法用常理解释。

地理学科个别试题要根据材料答题,会出现很多意料之外的答案。这里有一道例题:

"为什么有一种说法叫穷的只能喝西北风了? 为什么是西北风而不是东南风?"

答案是:因为西北风非常的凛冽,它更能代表人间的疾苦。

所以地理中像这种类型的题目,导致同学对答案的时候,并不能确认自己这道题有没有做对。物理、化学、数学等科目基本不会存在这种问题,题答完了之后,就可以确定这道题的对错。

地理学科分为自然地理和人文地理,这两个板块的学习逻辑是完全不同的。有的同学对于偏理科的自然地理学得非常好,但是一旦进入偏向理解背诵和举一反三的人文地理,成绩就一落千丈。反之,有的同学擅长记忆,人文地理的那些知识点对他们来说是小菜一碟,但是偏向理科的自然地理对他们来说简直是史诗级难题。这就导致无论是偏理科的同学还是偏文科的同学,普遍会吐槽地理学科很难。

这种类型题目在地理学科中确实存在,但这种类型题目一般不会超过20分。如果孩子对地理本身的兴趣非常高,同时举一反三能力非常强,而且地理成绩确实优于生物和政治,可以考虑选择地理。反之,如果地理成绩和生物成绩基本持平,对于高分段同学,选择生物学科相对更稳妥,成绩不容易出现大的波动。对于低分段同学,可以优先选择地理。

整体来看,物化地组合优点很多,缺点有但不明显。这里强调一下,物化地确实有地理赋分高的优势,但是"玄学"属性题目可能容易扣分,所以对于高分段同学,赋分高这一优势并没有想象的那么明显。对于地理特别好的同学是可以考虑的,但对于物化生、物化地成绩差不多的同学,家长不要为了"地理赋分高"而盲目选择地理,孩子的兴趣更重要。

3 物化政组合的优缺点

【优　点】

物化政组合是所有组合里面争议最大的组合,有的老师把这个组合称为最牛的组合,也有的老师吐槽物化政组合是最离谱的组合。实际上物化政组合最主要的优势在于未来可以选择的专业非常多。这个组合在792个本科专业里面,高考志愿除了民族学类等专业外,其他专业基本都可以填报。

对比物化生和物化地,这个组合高考志愿填报多出警校公安学类专业、政治学类、马克思主义理论类专业。如果孩子政治成绩特别好,或者对于那些多出来的可报考专业非常感兴趣,物化政组合很适合。整体来看,物化政组合专业覆盖率高的优势非常明显。

【缺　点】

物化政组合非常明显的缺点是这个组合学习难度比较大。

可能有的家长认为会者不难,如果孩子感兴趣,也不是什么特别大的问题。如果我们把政治、生物和地理这三科做比较,想要达到70分这一标准,毫无疑问,政治学科需要付出的时间非常多。付出的时间多,意味着这个学科的学习效率就比较低,同时意味着能分配给其他学科的时间会被压缩。这也是我经常和家长强调,如果孩子三大基础学科有偏科或者整体成绩偏弱,不建议选择物化政组合的原因。

因为选择这个组合的人相对较少,所以大多数学校不会针对物化政组合开设实验班,一些三四线城市的高中甚至都不开设物化政组合。整体来说,物化政是一个非常强势的组合,但同时它也是一把双刃剑。

前文讲过,选科的根本目的只有两个:第一个目的是选择孩子相对擅长的科目来提高总分,第二个目的是选择的科目可以让孩子填报喜欢的专业。因此,如果孩子本身政治成绩非常好,或者孩子对于公安学类专业,政治学类、马克思主义理论类等专业非常感兴趣,可以选择物化政组合。反之,则没有必要去选择这个学习难度非常大的组合。

很多家长和同学认为,物化两个理科之后增加一个文科是不是可以让学习不那么枯燥,答案是否定的。现实情况是,这种组合不但不能降低学习的枯燥感,反倒可能因为学科思维的跳跃性大,导致学习起来比较痛苦。

第二天

4 历政地组合的优缺点

【优　点】

A.师资力量较好

目前国内大多数高中还是以固定班的形式进行管理,在偏理科方向,大多数学校实验班基本是物化生组合;在偏文科方向,大多数学校实验班是历政地组合。这就导致如果我们选择文科方向,这种纯文科组合获得好的师资的概率更大。

B.学科关联性强

关于学科关联性问题,历史、政治两个学科都属于偏文科方向,更注重理解和记忆,地理学科当中的人文地理板块也是偏向理解记忆,所以这三个学科放在一起,整体的学科关联性比较强。对于那些记忆能力偏强,同时能够坐得住的同学,历政地组合绝对是历史方向的第一选择。

【缺　点】

A.专业覆盖率低

如果孩子选择了文科组合,那么我们注定要面对一个现实问题,就是孩子未来可选择的专业非常少。大学总共有792个本科专业,虽然文科组合的专业覆盖率可以达到50%左右,也就是300多个专业,但现实情况是这300多个专业当中包含了100个左右的小语种专业,如果孩子未来不考虑语言类专业,就只剩下200多个专业了。可能家长觉得200多个专业依然有很多选择,但事实上我们在选专业的时候,主要的考量是就业,在这200多个专业里面,更多偏向那种高大上、就业面窄的专业,而就业比较好、技能性强、具备不可替代性的专业类型少之又少,不超过15个。

B.背诵量比想象的大

很多同学在高一的时候,文科并没有花费太多的精力,成绩却比理科好,这导致很多同学觉得文科比较简单。高一文科确实比较简单,背诵量不大,尤其是对比晦涩难懂的物理、化学,确实会让一些同学有一种错觉,觉得文科学得很轻松,自己在文科方面天赋异禀,但进入高二时会发现文科所需要记忆的内容突然暴增。文科最主要的一个特点是考试的整体难度不大,但是所考的知识点非常庞杂,到了高二,会出现大量需要记忆和背诵的内容,这让很多同学倍感不适,后悔选择文科。整体来看,如果在高一阶段文科成绩不能比理科明显高出很多,建议选择理科更为稳妥。

C.部分地区文科高考本科线较高

3+1+2模式的高考有两个本科线,一个是物理组的本科线,一个是历史组的本科线。大多数3+1+2模式地区,历史组的本科线明显高于物理组的本科线,甚至曾有一些地区出现过历史组本科线比物理组本科线高出100分左右的情况。不过随着新高考的进一步推进,出题规则逐渐完善,难易程度逐渐相当,3+1+2地区这几年有一个很明显的趋势——文、理科本科线趋于接近。

5 历政生组合的优缺点

【优　点】

A.学科关联性较高

原先高考时虽然生物学科归于理科范畴,但实际上生物学科需要记忆的内容非常多,这也是很多人说生物是理科当中的文科的原因。历史、政治、生物三科的学习模式相对类似,学科关联性较高。

B.专业覆盖率稍高

历政生组合对标历政地组合,它的专业覆盖率稍高,主要是多出了一个非常好就业的护理学专业。护理学专业未来就业的方向是护士,护士这个职业的优势在于本科毕业就可以找工作,而且就业率和收入都比较理想。虽然这个工作相对比较累,但是对于一个高考中分数段的同学,这个职业还是比较理想的。如果孩子对护理学专业比较感兴趣,未来不太想继续深造,护理学专业绝对是一个不错的选择。历政地组合在新高考背景下,不可以填报护理学专业。

【缺　点】

A.部分学校不开设这个组合

国内大多数高中学校每一届的学生人数是500～1500人,对于那种学生数较少,加上选择文科的人数整体偏少的学校,文科班有可能只开设历政地组合。

B.赋分优势不大

前文讲过赋分的规则,地理学科赋分比较占优势。生物学科高考赋分时并不占优势,对比历政地组合,从赋分这个角度看历政生组合不占优势。

6 物生政组合的优缺点

【优 点】

相对物化政和物化生等组合,对于化学成绩特别差的同学,可以考虑物生政组合。

虽然物生政组合专业覆盖率并不是很高,但是组合本身相对简单,因此我们有更多的精力投入三大基础学科的学习。我们经常和家长讲,选科的目的专业只占一部分,更重要的是能够让孩子的总分有所提升。对于高一化学成绩经常低于50分的同学,完全可以考虑物生政组合。

网上很多老师跟家长说选物理一定要选化学,但如果孩子化学成绩并不是很理想,硬着头皮选物化,很有可能导致孩子高考成绩不理想,这就得不偿失了。

选择物生政组合,学起来相对轻松,能提高总分。同时物生政组合可以填报警校公安类专业,至于还能填报哪些专业,后文会详细介绍。

【缺 点】

A.专业覆盖率低

物生政组合最大的缺点是专业覆盖率相对较低,能学的专业和文科差不多,目前的规则下理工农医类专业绝大部分不可以填报。对于低分段的同学,我们要以保公办本科为主,选择这种组合合情合理。但对于分数中等偏上的,化学成绩能够考50分以上的同学,并不建议把这一组合作为第一选择。因为物生政可以填报的那些特别好就业的热门专业,物理组其他组合绝大部分可以填报。所以这些专业填报的人数比较多,导致该专业的录取分数较高。对于中高分数段的同学,除非化学成绩实在太差,根本学不明白,否则还是建议优先选择物化+N组合。

B.部分学校不开设该组合

生源较少的学校很可能不开设物生政组合,某些生源较多的学校可能为了便于管理,会把物理、化学进行捆绑而不开设物生政组合。即使学校开设物生政组合,该组合班级的"学霸"占比一般不高,成绩偏差的同学较多,导致该组合班级整体学习氛围不可控。

7 物生地组合的优缺点

【优　点】

前文讲到物生政组合的优点就是相比其他组合相对简单，物生地组合是一样的道理。虽然专业覆盖率并不高，但对于化学成绩特别差的同学还是可以考虑选择该组合，而且地理学科赋分偏高。选择这种相对简单的组合，把更多精力投入三大基础学科的学习，提高总分才是最优解。另外，物生地组合虽然专业覆盖率不高，但好就业的专业并不少。后面的查询表当中，我们可以查询到物生地组合可以填报哪些专业，另外后面的专业解读当中，我们也可以知道哪些专业就业比较理想。

【缺　点】

物生地组合的缺点和物生政组合的缺点基本一致，我们可以参考物生政组合的缺点。

物生政和物生地组合在新高考伊始是非常强大的组合，学起来轻松而且赋分高。但是随着新高考改革，现在的政策中这两个组合的专业覆盖率腰斩，网上很多这种组合的信息都过时了，家长在查询时一定要注意信息发布时间。

第三天

低频选科组合解析

低频选科组合的优缺点

物化历组合的优缺点

物化历组合是3+3模式地区特有的组合,3+1+2模式地区不可以这么选,因为3+1+2模式要求物理和历史二者只能选一。

作为3+3模式地区特有的组合,这个组合成就了很多"学霸",也影响了一些成绩不好的学生的判断。曾经有一年山东省排名前十的考生中有七个是这个组合,结果第二年山东省高一学生选择这个组合的比例直线上升。我想说的是,对于能考全省前十的那些同学,他们即使选的是物化生和物化政组合,依然有机会考进全省前十,因为他们的学习能力非常强,和物化历组合并没有特别直接的关系。

对于各科成绩非常优秀,同时对物理、历史又非常感兴趣的"学霸",可以考虑这个组合。但问题是如果孩子所在的高中采用固定班的形式,实验班大概率还是物化生组合。如果坚持选择物化历组合,很有可能就错失了实验班。

另外,物化历学科关联性相对较弱,学习难度较大,更重要的是专业覆盖率和物化生、物化地差不多,没有物化政多。所以这个组合只适合极少数"学霸",并且最好该学校采取的是走班制,除此以外,建议最好不要选择这个组合。

物地政组合的优缺点

物地政组合是一个非常小众的组合,3+3模式地区和3+1+2模式地区都可以选择。作为小众的组合,一般情况下大多数学校都不会开设固定班,只有走班制的学校才会开设这个组合。这个组合的优点是地理和政治整体赋分偏高,所以对于3+1+2模式地区还是比较合适的。3+1+2模式地区分为物理组和历史组两个本科线,选择了物理,我们可以进入本科线相对较低的这个赛道,加上地理、政治赋分偏高,可以让孩子在一个本科线较低的赛道拿到一个较高的分数。虽然专业覆盖率较低,对于物理成绩勉强还可以,但整体分数不高的同学来说还是一个不错的选择,尤其是对于一些体育生和艺术生,如果物理成绩还可以,这个组合性价比很高。

对于 3+3 模式地区,所有的组合都在一起排名,只有一个本科线,物地政这个组合就失去了优势。举例说明,对于成绩较差的同学,物理和历史最终要想得到 70 分,还是物理的难度更大。所以一般情况下,3+1+2 模式地区可以考虑这种组合,3+3 模式地区这种组合性价比非常低。

历化生、历化地组合的优缺点

这两个组合在新高考刚刚实行的时候,有少数学校开班,随着新高考改革,现阶段只有极少数学校采取走班制,几乎已经不再开班,也只有极少同学选择这种组合。

网上有很多老师告诉大家,尽可能地避开这两个组合,原因在于专业覆盖率非常低,学习压力也很大。另外,你选择了化学或者生物这种偏理科的学科,却不能填报跟化学、生物相关类型的专业。大多数家长和同学选择这个组合的时候,错误地认为历史方向挂一个理科学科,专业覆盖率是不是就可以提高一些?现实情况是这两个组合的专业覆盖率都没有历政地组合高。除非你只有这三科成绩相对较好,其他学科根本学不进去,否则不建议选择这两个组合。具体能学的专业,后面的查询表里可以查询。

历生地组合的优缺点

这个组合和历化生、历化地相比,专业覆盖率几乎相同,都非常低。但客观来看,这个组合还是优于历化生、历化地组合,因为这个组合要比它们学起来稍微轻松一些。

高中九科虽然都很难,但是生物和地理还算稍微简单一点,这就是过去物生地组合备受青睐的重要原因。对于成绩不理想、实在不喜欢政治的同学,可以考虑这个组合。

无论在本书、学校的职业生涯课还是互联网平台上,我们的观点都很统一,选科的根本目的是让孩子能够有一个喜欢的专业,但保证孩子取得理想的成绩同等重要。如果孩子的整体成绩特别差,家长强行逼着孩子选择那种专业覆盖率非常高,但是学习难度也高的物化组合,最后导致孩子没有取得理想成绩,就违背了我们选科的目的。所以,对于成绩不太理想的同学选择这个组合用来保证本科还是具有可行性的,因为这个组合相对简单,少数学校有可能开设固定班。

化生政、化生地组合的优缺点

这两个组合是3+3模式地区的特有组合。这种小众组合普遍存在一个优势,就是契合度高。什么是契合度高呢? 通俗地说,就是你只有这三科成绩好。我的建议是:如果化学、生物这两科成绩还算可以,努力能考40分以上,还是建议选择理科组合。因为物理学科考80分以上有难度,四五十分并不是很难。而且物理学科"学霸"和成绩较差的学生比例都比较高,所以在3+3模式地区赋分能占到小小的优势。如果物理实在学不动,可以考虑这种组合。化生政、化生地组合相对比,建议优先选择化生政组合,因为它的专业覆盖率要高于化生地组合,可以多报一些警校公安类,党史、外交、国际关系以及思想政治教育(师范类)等专业。

整体来看,对于偏科特别严重的同学可以考虑;成绩相对均衡的同学,还是建议优先考虑纯理科组合。

技术相关组合的优缺点

技术学科是浙江地区特有的科目,选择这个科目并不会让填报的专业覆盖率有所增加,而且在浙江大多数高中学校,技术学科都是高二才开始学习。对于浙江的家长,除非孩子从小对这方面非常感兴趣,或者高一就有一定基础,否则没有必要冒险,因为选择技术学科的人数较少,赋分的波动性较大,有很大的不确定性。

第四天

选科误区及其解读

1 赋分和成绩哪个重要

有的同学在选科的时候非常在意某一科目赋分的高低,一心想选赋分高的科目。他们认为即使自己选的那科成绩一般,但是赋分高,可以利用规则帮助自己提高总分。

我们在探讨赋分的高低时,讲过地理和政治相对更占优势,尤其是地理。这就让很多同学在选科的时候会盲目地倾向选择地理,并抱有一种侥幸心理:他们认为即使我选的这个科目的成绩并不是很好,但是赋分可以让这科总分提升很多;如果选了某一科目赋分不占优势,就会觉得自己吃亏了。

这种想法是不完全对的,我们用地理举例。当你的生物和地理成绩差不多时,很多同学觉得地理赋分高,选择地理未来一定更占优势,生物赋分低,自己很有可能吃亏。但是,地理学科有很高的不确定性,很多同学高一时地理学得非常顺利,到了高二发现高二地理和高一地理完全就像两个学科,几乎没有任何关系,学习思维的差别非常大,就有可能导致地理成绩出现很大波动。

我们可以这样理解,地理这一特点很可能让某同学在高考中丢掉5~8分,地理赋分高的这一特点让同学在高考当中额外获得5~8分,两两抵消。所以,地理赋分高这一特点,对高分段同学来说其实并没有实质性帮助。

如果孩子举一反三的能力非常弱,并不擅长观察生活,对地理也提不起特别大的兴趣,只是因为赋分上有优势而选择,那么到了高二很可能地理科目成绩出现大的波动,也就是不确定性。

生物虽然在大多数地区赋分并不占优,但是回顾高中生物这一科目,难点并不是特别多。遗传知识点相对较难,一般情况下3~5次的一对一补课(找对老师)基本上可以帮孩子解决问题。高二阶段,没有什么特别的难点,所以当生物和地理成绩差不多的时候,选择生物会更加稳妥。盲目追求赋分高的科目,并不一定能够占到便宜,反倒有可能赔了夫人又折兵,所以在看成绩的同时,兴趣的重要性大于赋分。

2 分数和兴趣哪个重要

喜欢的科目成绩不好,成绩好的科目不感兴趣,到底应该尊重兴趣,还是尊重分数? 尊重兴趣家长心里没底,但是尊重成绩,又怕孩子不感兴趣后期学不进去,很纠结。

我们遇到很多同学存在这个问题:自己喜欢的科目成绩不好,不喜欢的科目考得反而不错。怎么选呢? 兴趣真的是第一生产力吗?

这里举一个例子。风靡全国的游戏《王者荣耀》,大家可能听说过,这个游戏分为五种不同的职业,有的同学喜欢法师,有的同学喜欢战士。假设有一位同学非常喜欢玩法师,但是法师玩得很"菜";他并不喜欢玩辅助(职业),但是胜率特别高。那么请问,在一场非常重要的比赛中,这位同学应该选择他喜欢但玩得很"菜"的法师,还是选择他并不喜欢但胜率很高的辅助? 答案是显而易见的,绝大多数人都会选择那个自己并不喜欢但擅长的辅助。

平时我们玩游戏的时候,可以遵循兴趣选择自己喜欢的法师,但这是一场非常重要的比赛呀! 高考也是一样,你平时喜欢某一科目,你大可利用课余时间钻研琢磨,但高考这场非常重要的比赛,还是要选择自己最擅长的科目。因此,在兴趣和擅长中,我建议优先选择自己擅长的、能取得高分的学科。

从另外一个角度来看,对一个学科的兴趣到底能维持多久,有一定的不确定性。我们遇到很多同学,高一时特别喜欢地理,觉得地理非常有趣,而且并不需要特别努力地去背、去刷题,靠自己的悟性就可以取得还不错的分数。但学到"热力环流"这个地方,就彻底变了,"热力环流"知识点对很多同学来说都是一个分水岭,之前对地理喜欢得不得了,之后对地理提不起兴趣。物理同样有这种情况,前期力学学得很顺畅,后期电学怎么都转不过弯。

同学们对某一学科的兴趣是有可能发生变化的,但分数代表着你在这个学科上的学习能力,能力一般不会有特别大的变化。分数越高,你越有成就感,时间长了很有可能会爱上这个学科。所以,当你出现这种情况的时候,选择不一定感兴趣但分数高的学科更稳妥。

3 专业覆盖率有什么用

选科的时候,很多人都会非常在意专业覆盖率。专业覆盖率有什么用?很多人认为一个组合专业覆盖率高,这个组合就是一个好组合;专业覆盖率低,这个组合就是一个差组合。家长都希望孩子选择的组合专业覆盖率高,这样未来选择面更广。可是很多孩子并不这么想,他们认为自己未来只会被一个专业录取,要那么高的专业覆盖率有什么用?即使覆盖率极低的组合未来也可以选择300多个专业,难道在300多个专业里,还选不出一个专业吗?何必一定选择物理+化学?

我们的孩子将来确实只会被一个专业录取,但对于那种覆盖率极低的组合,虽然能选300多个专业,但这300多个专业中有100多个是小语种专业,如果你放弃了小语种专业,就只剩下200多个不限制选科的专业。不限制选科,意味着所有的同学都可以报考。在这200多个专业中,好就业的专业只有20个左右,意味着所有同学都有可能跟你竞争这20个专业。因为填报这些专业的人数量特别多,所以可能导致这些专业的录取分数偏高。

再说说只会被一个专业录取的问题。我举一个例子:

同学高考后一般都会买一部新手机。注意,你只会买一部手机,和只会被一个专业录取是同样的道理。如果你的组合专业覆盖率高,你的选择就多;如果你的组合专业覆盖率低,你的选择就少。覆盖率低,相当于你买手机时只能买OPPO;覆盖率高,相当于你买手机时可以买OPPO、华为、苹果、vivo、三星等,从诸多品牌中选择一个你最喜欢并且买得起的,那意味着你选择一个称心如意的手机的概率非常大。反之,如果买手机时限定你只能买OPPO这一个品牌,那意味着你买到一个称心如意的手机的概率就会降低。这就是专业覆盖率的作用。

这就是为什么我反复和家长、同学强调,当成绩允许的情况下,尽可能选专业覆盖率高的组合,这样未来就有更多的选择。但如果成绩不理想,考上本科都比较吃力,建议还是选择相对简单的组合,比如物生地、物生政等。这种组合虽然专业覆盖率低,但是相对简单,能有更多的时间学习三个基础学科,提高考上本科的概率。我们再看买手机的例子,如果你的预算非常高,你可以在诸多的国产、进口手机当中随意挑选;如果你的预算有限,你要做的就是先挣钱,暂时只能买一部能支付得起的手机。

4 高中选小语种如何

有的孩子英语成绩不好,学校开设日语、俄语等小语种班,高考的时候可以用小语种替代英语参加高考,于是很多同学动心了,想放弃英语,转而选择日语等。但是家长很担心,孩子日语没学好,却放弃了英语,另外选择小语种参加高考会不会有很多限制,因此犹豫不决。

作为家长,我们必须要先了解自己孩子英语成绩为什么不好?一般有两种情况:一是单纯的懒、不自律;二是对英语不感兴趣,语感差。

大多数都是第一种,一个很懒而且不自律的孩子学不好英语,那么凭什么觉得日语他就能学好呢?很多人都说日语简单,在过去的一段时间,日语高考确实要比英语高考简单很多。但是随着选择小语种的人越来越多,尤其是选择日语的人越来越多,日语高考的难度逐年上升。2022年,我的很多学生跟我"吐槽"当年的日语高考非常难。

我们建议,如果你家孩子英语不好是因为懒,从来不背单词,那么他选择日语大概率是想要逃避背单词,但选择了日语之后,发现日语还是有很多需要背的内容,他的日语成绩大概率也不会好。

如果孩子本身对英语不感兴趣,但确实能够静心逼自己背单词,可以考虑让孩子转小语种尝试一下。英语满分是150分,如果孩子的英语成绩大都低于70分,可以考虑小语种;如果高于70分,建议还是继续学英语。因为选择小语种高考确实有一定的限制。

选择小语种高考的几大限制:

(1)军校或警校在填报的时候有一定限制。

(2)有些学校开设中外合作办学,很多要求必须是英语。

(3)理工类和医学类专业在高考填报志愿时一般没有明确的限制,但是这类专业考研时大多必考英语。

（4）很多大学并不开设日语课程，所以孩子上大学后还是要继续学习英语，因为高中没有什么基础，大学可能涉及挂科的问题。

最后提醒各位家长：如果孩子选择小语种，尽可能选择在校内上课的机构，或者在校内学习。英语不好而选择小语种的一些同学自律性如果较差的话，同时选择校外机构，可能会把时间和精力浪费在路上，导致小语种没有学好，同时影响其他科目成绩。

5 选科时间安排

选科一般是在什么时间？选科确定之后还能改科吗？

很多家长特别喜欢问我什么时间选科呀？

首先，每所学校的选科时间都不一样，大多数学校是在高一上学期，但也有少数学校在高二选科，有些学校甚至在孩子上高中前的那个暑假就让家长和学生提前定好选科方向。一般决定选科时间的是学校，和你所在省份关系不大。

我建议家长选科时间最好在高一上学期11～12月。为什么不建议家长和同学过早地确定选科，因为刚上高一的第一次考试很多同学都不适应高中的节奏，不能发挥出自己的真实水平，所以第一次考试在选科这件事上并没有太大的参考意义。第二次考试，即期中考试一般都是在高一上学期11月份左右，这次考试的成绩有很高的参考价值。

期中考试成绩出来之后，可以先进行预选科。预选科顾名思义就是提前选出一个大方向，有第一选择、第二选择，期末考试成绩出来后确定选科。

重要的地方来了，高中的第一个寒假，如果你没有确定选科意味着要把为数不多的时间平均分给九科，而选科确定了就可以把时间分给六科。很明显你的学习效率就会高很多，为高一下学期打好基础。

可能有人想问，那不选的科目的作业都不用写吗？我给你的答案是：不用写，但是上课要听！因为后面会涉及学业水平合格性考试（简称学考）。学考涉及高中所学的11个科目，没通过会影响高中毕业。不过学考的难度不大，只要你上课正常听讲，通过学考没有什么问题。

其次，选科一般不能晚于高一下学期的"五一"，如果再晚，会让你把太多的精力浪费在不选的科目上，无形中降低了学习效率。有一些学校选择让孩子高二再确定选科，目的是让孩子选得更加准确，但无形中确实耽误了很多时间。

我建议各位家长,即使孩子所在的高中选科时间较晚,我们自己确定选科的时间也不能晚于高一下学期的"五一"。

最后,选科确定后还能改科吗? 当然可以!!!

学校的老师可能会告诉你,选科之后不可以再改了。因为选科这件事,很多家长和同学非常纠结,如果老师不这么说,你很有可能改来改去,不仅影响学校的整体管理,也影响自己的学习进度。所以,选科之后如果确实想要改科,家长可低调地去找学校老师或者校领导,一般情况下都可以改。

第四天

6 什么情况可以选艺术类科目

孩子成绩不太理想,想要学艺术,但以前没有任何艺术的功底。家长比较担心学了艺术之后导致文化课成绩更差,最后艺术也没有学好,赔了夫人又折兵。另外,有时候学校可能建议孩子尝试走艺术方向,作为家长应该怎么抉择?艺术生应该怎么选科?

往前推10年,那时候学艺术确实可以算得上是条捷径。孩子升学有时候拼的就是信息差。什么叫信息差呢?我知道,但你不知道,这就是信息差。十多年前网络不够发达,信息比较闭塞,和升学相关的信息基本是靠口口相传或者听老师的建议,再加上当时很多人对艺术类毕业生就业并不看好,学费相比普通专业类稍高一些,所以很多家庭都不会选择这个方向。选择艺术方向的学生非常少,竞争不激烈,很多同学没有任何的艺术功底,靠一个月到半年的突击,就可能以较低的文化课成绩进入比较好的大学。

近几年家长可以在网上获取到更多的信息,再加上现在大家对小孩的艺术素养越来越重视,对美感的要求越来越高,这给艺术类学生提供了更多的就业岗位,所以越来越多的同学选择走艺术类高考这条路,导致竞争变得激烈。

从2024年开始,相关政策规定将会提高美术类等艺术类考生的文化课要求。像美术类,主持、编导等传媒类专业,不但对专业能力要求越来越高,而且文化课成绩要求也越来越高。除了乐器、舞蹈等需要从小开始练习的艺术类外,那种半路出家想靠短暂突击走艺术类捷径,这条路已经走不通了。

现在的艺术类已经不能把它当成捷径,但可以作为锦上添花的一种选择。通俗地说,现在的艺术类不太适合那种成绩差的同学,很多艺术类专业的文化课成绩要求和普通类差不多。对于成绩中等偏上的同学,正常走普通类或许只能上一个普通的大学,但经过体系化的训练,走艺术类有机会冲击名校。

最后谈一谈艺术类同学的选科建议。艺术类考生包括体育类考生，不可避免地后期要参加各种各样的统考校考、加试加训，一定会耽误文化课学习。像物化学科知识点关联性非常强，稍微落下几节课，后面有可能会跟不上。但是历政地学科知识点关联性较弱，即使你落下一些课，后期回来依然能听懂，跟得上老师的进度。所以，一般艺术类和体育类考生，我们建议优先选择历政地组合。

第四天

7 什么情况可以选文科

孩子理科学不好，想要走文科！但是文科整体就业形势不太理想，一家人比较纠结。那什么情况下可以选文科？

很多家长和同学反映，高一时理科学得特别吃力，而文科学得相对轻松，这时候就会有很多同学感觉自己是不是理科方面天赋不足，而在文科方面却有一定的灵性。想要选择文科方向，但又担心文科未来整体就业不好，很为难。

首先，我们必须要了解文理科在高中三年的难度变化。物理、化学在高一上学期时难度就非常大，这也是很多同学高一物理、化学成绩差的原因。如物理难度在开始阶段就已经非常大，所以后期学到电和磁的部分即使难度有一定的提升，也不太会出现那种成绩骤然下降的现象。文科这边，高一阶段是比较简单的，主要的难点在高二，尤其是高二上学期会集中性出现大量需要理解、记忆、背诵的知识点。对于很多同学来说，高一阶段文科学得轻松，并不一定是你文科方面天赋异禀，大概率是因为文科在高一阶段相对简单。

其次，很多家长会有这样的想法，我家孩子刚上高中，把大量的精力都放在了理科上，文科基本上没有好好学都能取得这样的成绩，如果把所有的精力都投入文科当中，文科岂不一飞冲天？如果你抱着这种心态选择文科，你会发现：同学们高一都没把主要精力放在文科方面，选科后他们放弃了理科，把所有精力投入文科，现在成绩都有很大提升，排名波动会很大。我们要知道高考看的可是排名。

所以，当孩子文科和理科成绩差不多的时候，毋庸置疑应该优先选择理科。因为理科整体的就业环境确实要比文科好，找到好工作的概率要比文科高。另外，理科考生可以填报文科+理科的专业，但文科考生只能填报文科专业。

再聊一聊什么情况下适合选文科。

既然我们已经知道文科和理科整体成绩差不多时，应该优先选择理科，那什么情况下选文科占优势呢？假如我们孩子选文科能上二本院校，选理科也能上二本院校,这时我们一定会选择理科,因为理科整体就业稍好。

如果我们孩子选文科能上一本院校,选理科只能上二本院校,虽然文科整体就业稍弱,但学校层次高可以弥补缺点,此时,可以考虑选文科。

如果我们选理科只能考一个普通民办大学,但选文科可以考上公办大学,可以选文科。

如果我们选理科只能考一个普通的公办大学,但选文科可以考上省重点大学,可以选文科。

如果我们选理科只能考一个211院校,但选文科可以考上985级别大学,可以选文科。

我们已经知道了什么情况下可以选文科,但该如何判断? 先申明一点,这个方法是我在20多所学校负责学生学业规划时,把学生成绩统计出来,用数据分析得出的,只能作为参考。这个方法的名字叫作"三倍原则",三倍指的是排名达到三倍。我们反复强调,家长在高一阶段帮孩子选科时,或是高考后帮孩子填报志愿时一定要重视排名。分数并没有特别大的意义,因为随着试卷难度的改变很有可能出现分数很高、排名很低,或者分数很低、排名很高的现象,相比之下,排名更加重要。

我们解释一下"三倍原则"。

孩子历史成绩的校排名是300名,物理成绩的校排名是900名,历史的排名是物理的三倍,这种情况可以选文科。我们通过大数据观察,高一时历史比物理排名高出这么多的同学,选择文科之后高考填报志愿学校层次都能提高一档。

如果孩子高一时历史排名仅仅比物理高出几十名,或者只能够达到1.5倍,高考选文科能上的学校层次和选理科能上的学校层次几乎是同一档。这个方法对于校排名前50名的同学没有参考价值,比如历史第一,物理第三,虽然满足"三倍原则"可以选文科,但这种情况还是理科稍微占优势。对于校排名前50的同学,更重要的是要看选哪个组合可以进入自己所在高中最强的实验班。

最后提醒各位家长,文科组合的就业没有网上说的那么不堪,只要在填报志愿时选好一个足够强的专业,未来就业仍然值得期待。

第四天

8 当老师的选科限制有哪些

孩子未来想当老师应该怎么选科？网上都说想当老师不限制选科，真的是这样吗？在"双减"政策背景下，师范专业还能报吗？

很多家长都希望孩子未来能够做一名老师。那么想当老师，有什么选科的限制吗？网上有一种说法是当老师不限制选科。这个说法广义地说是没有错的，但是很容易误导家长，我们今天详细地跟大家说一说。

未来想当老师，但老师分很多种，主要分为幼儿园老师、小学老师、中学老师和大学老师。

小学老师和幼儿园老师在大学对应的专业叫作小学教育和学前教育，这两个专业都不限制选科。也就是说，我们选择任何组合都可以学习这两个专业，所以网传任何组合都能当老师的说法，从这个角度来说是成立的。

想当中学老师，要考虑孩子将来教哪一个科目，这里选科就有说法了。

如果孩子想当数学、物理、化学、生物这四科的老师，选科必须选择物理+化学。

想当英语老师，一般不限制选科，任何组合都可以。

想当历史老师，最好要选择历史。

想当地理老师，最好选择地理，不选也可以。

想当语文老师，3+3模式地区任何组合都可以，3+1+2模式地区最好选择历史组。

想当政治老师，3+3模式地区要选择政治，3+1+2模式地区选择政治的同时最好选择历史。

想当音体美、心理学老师，一般任何组合都可以。

再说一说想当大学老师怎么选科。当大学老师，目前大多数本科院校基本上都要求博士学位。这就意味着任何一个专业能够读到博士，我们都有希望在大学里教授这个专业的专业课。所以想当大学老师,一般要取得相关专业的博士学位,对选科没有特殊要求。

最后我们再说一下"双减"政策背景下师范专业还能报吗?

随着"双减"政策的实施,大量的课外补习班已经被取缔,以前很多师范生即使进不了学校当老师,还可以在教育培训机构谋得一份不错的职业。但现在教育培训机构被规范管理,几乎所有的师范生都在竞争公立和私立学校的岗位。这个时候学历就显得非常重要了,这也是师范专业考研越来越难的原因。所以报师范类专业,你必须考虑的是孩子到底能不能考上研究生?

高考的时候你的竞争对手只有本省的学生,考研的时候就不一样了,你的竞争对手是全国的学生。高考填报志愿的时候,你可以选择很多的学校和很多的专业,一个不行,还能选另外一个。考研不同,考研你只能选择一个学校和一个专业,虽然可以调剂,但是调剂成功的概率不高。

所以,如果孩子成绩还比较理想,学习能力比较强,你完全可以选师范类专业,最后考研究生,紧接着再去考事业编来实现自己的教师梦想。但如果孩子本身成绩一般,自制能力比较差,最后只能考一个非常普通的师范院校,并不一定能考上研究生,像这种情况不建议选择师范类专业。

我们再提一下公费师范生。如果孩子想要走教师这条路,还可以直接考公费师范生,公费师范生基本是毕业就有编制,这也是公费师范生分数居高不下的重要原因。

第四天

9 考公务员的选科限制有哪些

都说未来想要报考公务员必须要选政治！准备考研也得选政治！但是孩子政治成绩不太理想,怎么办?

未来想考公务员必须选政治,这个说法是不对的。虽然说选了政治学科,我们在未来填报志愿的时候,确实有一些专业在考公务员的时候占优势,但没有选政治,完全不影响孩子未来考公务员。因为考公务员的时候,有一些岗位是不限制专业的,任何专业都可以报考,所以和选科没有什么关系。另外,很多专业在报考公务员的时候占优势,比如法学、会计学、经济学和财政学等,高考填报志愿时基本不限制选科。

未来想要考研究生必须选政治,这个说法也不准确。研究生招生考试确实大多数专业都要考政治,但是高中阶段没有选政治,完全不影响孩子未来考研。另外,有些家长和同学觉得自己各科成绩都很均衡,未来大概率会考研,如果提前学了政治,对未来考研有帮助,答案是有帮助,但帮助不大。

政治学科的特点就是内容特别多,但考得不深。考研政治满分是100分,它有一个特点,就是想要考到六七十分并不难,很多同学在考研之前突击三个月就能达到,但是想要考85分以上则是难上加难,大多数高校对政治的基本要求是70~80分。因此,即使你高中提前学了政治,考研时也很难突破85分;即使你高中没学政治,考研阶段付出足够的努力,达到75分也不算特别困难,所以即使高中选政治,考研时优势并不是很大。

相比其他学科,政治学科最大的特点是费时间。很多人说会者不难,这一点我是认同的。但政治你再怎么喜欢、怎么会,都要花很多时间去打磨。

对于文科生来说,历史+政治算是一个非常好的搭配。因为这两个学科的关联性比较强,能学好历史的同学,政治一般也不差。但对于物化学得不错的同学,最后一科强行加上政治,很多同学最后都会后悔。除非你对某个专业特别青睐,或者对政治特别感兴趣,否则不建议理科生选政治。

最后提醒各位家长,单纯从考试角度考虑,学好政治这门学科最核心的要素并不是背诵,主要是刷题。很多家长觉得政治死记硬背就可以了,恰恰相反,政治是文科中最需要大量刷题的科目,因为政治试题经常会给你一些干扰项,如果你不多见识一些题目,这些干扰项会让你焦头烂额。所以,政治学科在背诵的同时,更注重的是要提高自己理解试题考查意图的能力。

10 警校、军校必须选政治吗

孩子想要上警校、军校,应该怎么选科? 网上说警校、军校必须选择物化政组合,事实真的是这样吗?

这个说法不准确!

先说警校,我们在填报警校提前批的时候分为两类专业:一类是公安学类专业,另一类是公安技术类专业。

公安学类专业要求选政治学科,录取分数稍低。

公安技术类专业要求选物理+化学,录取分数稍高。

这两类专业的学生未来都可以通过公安联考便捷入警。

因此,这两个条件我们只需要满足一个即可。比如物生政、历政地、历政生等组合,因为有了政治,可以填报公安类专业。又如物化生、物化地等组合,因为有物理+化学,可以填报公安技术类专业。物化政组合同时满足政治和物理+化学两个条件,两类专业都可以填报,所以未来想要上警校,物化政组合可以作为第一选择,但不是唯一选择。

再来看军校。军校提前批录取分两类专业:一类是指挥类专业,另一类是非指挥类专业。这两类专业毕业生都是包分配的。

指挥类专业当中有少部分专业要求选政治,分数相对稍低。指挥类专业和非指挥类专业当中更多的是要求选物理+化学,或者要求选单科物理,还有很多专业不限制选科。比如军校当中的语言类专业,很多就不限制选科,任何组合都可以报考,无论文科、理科都可以。

未来想要上军校,物化政组合可以作为第一选择,但不是唯一选择。任何组合都可以报考军校。

最后要提醒各位家长选择军校的相关问题。军校和警校不同,警校未来大概率省内就业,离家很近。但军校不是,当你成为一名军人时,意味着国家哪里需要你,你就要去哪里,所以孩子未来工作的地域是不可控的。军校包分配这一特点确实很吸引家长,但正是因为包分配,录取分数非常高。如果孩子本身对军校非常向往,作为家长可以提前帮孩子规划,同时要注意自身的行为规范,以免自己的一些行为影响孩子的未来。

第
四
天

11 学医必须选物化生组合吗

很多家长希望孩子将来学医,因为医学类专业技能性强,而且越老越吃香,那学医必须选物化生组合吗?

经历了近几年大环境的变化,家长对于医学类专业的认可度越来越高。无论是高一选科时,还是高三填报志愿时,我了解到很多家长都希望孩子将来学医。从近几年各高校相关专业录取分数线看,临床医学、麻醉学、口腔医学、护理学、医美、中医学等专业录取分数线都在不断提升。网上有一种说法,学医必须选择物化生组合!

当然不是,这是一个误区。我对全国所有开设临床医学的大学(本科)做了调研和统计,目前各高校临床医学类专业选科要求物化生组合的不到30%,大多数大学的临床医学专业要求选物理+化学即可。另外,网上还有说顶级医学院的临床医学专业都是要求选物化生组合,这也是错误的。全国排名前20的医学院中,临床医学专业的选科要求大多是选物理+化学即可。

从普通高校本科招生专业选考科目要求来看,将来想要学医学(临床医学)类专业,选择物化生、物化地、物化政、物化历(3+3)组合都是可以的。但是学医会涉及很多和生物相关的知识,如果没有高中生物基础,上大学会辛苦一些,要重新补上高中生物知识。因此,我们可以这样理解:如果想学医,物化生组合可以作为第一选择,但不是唯一选择,想学麻醉、影像、口腔等专业是一个道理。

医学类其他专业:

中医类专业选科要求是物理必选,化学、生物选一科就可以,但是大多数学校的中医学还是要求选物化,要求选物生的较少。

护理类专业选科要求是化学、生物选一科就可以,但要求选化学的占多数,少数学校要求选物化。单独有一个生物的组合,如历政生组合、历生地组合能填报护理专业,但这类学校不是很多。

我们建议：如果孩子从小就立志学医，那么物化生组合一定是第一选择；如果孩子对学医只是"可以接受"的态度，并且生物成绩或者总成绩不是很高，那并不一定要选择物化生组合。

12 数学不好会影响孩子选科吗

孩子数学成绩特别差,耽误孩子选科吗? 大学哪些专业不用学数学?

很多家长和同学担心数学成绩不好,是不是不能选理科。这个问题不能这样理解,因为现在的政策趋势是,文科、理科的数学是一张卷子,不像过去区分文科数学和理科数学。在现在的政策背景下,数学成绩不好影响的是能不能考上好学校,而不是选科。所以数学不好应该抓紧时间补习数学,而不是纠结选科。

如果本身对数学不感兴趣,在大学选专业的时候可以有倾向性,比如哲学、法学、偏文科的师范类、文学类等,这些专业大多数是不学数学的,考研也不考数学。偏理工类的像建筑学专业,部分学校只在大一时会学数学,考研也不考数学。医学类专业,大多数大学只在大一时有医学统计学,之后基本没有数学,考研也不考数学。

很多专业在我们传统思维中是文科专业,实际情况是在大学学习过程中和未来工作时却需要大量数学知识。比如经济金融类专业,这类专业大学期间要学习大量数学课程,考研也有很多数学内容。

至于其他理工类专业,大学期间都是要学习数学的,考研也会考数学。所以如果你的数学是优势学科,无论是在大学期间还是考研的时候,选择理工类专业都会有很大优势。

13 其他相关问题

孩子物理和化学成绩都一般,如果两个都学,可能有些吃力。这种情况选科时应该怎么抉择? 为什么初中时物理、化学成绩还可以,上了高中物理、化学成绩就不行了?

最可能的原因是,高中物理要比初中物理计算量更大、关联性更强。初中一道选择题可能只需要3分钟,一道题可能只考一个知识点,但是高中一道选择题可能10分钟都做不出来,一道选择题可能会考三五个知识点,有一个知识点不会,这道题就做不出来。

另一个很重要的原因是,高中老师和初中老师的教学模式、教学节奏差异较大。初中物化的知识点相对较少且相对简单,老师反复讲解,同学们成绩自然都不错;高中物化成绩两极分化比较严重,有的同学老师一点就通,有的同学老师讲了三五遍,还是无法理解。加上高中不是义务教育阶段了,所以更加考验孩子的自律性。如果孩子初中时自律性和自学能力比较强,高中任课老师的教学能力还可以,一般初中和高中成绩不会有特别大的波动。反之,如果孩子初中时自律性和自学能力比较差,遇到的高中任课老师教学能力一般,不会的地方课后又不愿意去问老师,盲点越积越多,高中第一次考试物化成绩就可能出现断崖式下降。

我建议初中毕业假期中一定要提前学习高中数学、物理,一方面提前适应高中的学习节奏,另一方面保持学习惯性,学习能力本身就是有惯性的。长时间的休息会导致孩子的学习能力下降,所以假期提前学习绝对有必要。

物化生和物化地这两个选科组合特别纠结,具体应该怎么抉择?

物化生和物化地这两个组合是大多数理科生非常纠结的两个选项:物理、化学已经确定选了,未来的专业覆盖率基本可以保证,但是最后一科生物和地理的成绩又差得不太多,两科成绩忽上忽下,不太稳定;再加上物化生组合"学霸"特别多,传闻物化地组合在高考赋分时地理占优势。该怎么抉择呢!

首先来看物化生组合。物化生组合确实"学霸"非常多,但在高考的战场上,物化生、物化地、物生地等物理组是在一起排名的,这意味着物化生组合虽然"学霸"很多,但竞争对手里也有很多成绩不理想的学生,所以不用过度担心选物化生组合沦为陪跑者的情况。相反,物化生组合学科关联性强,大多数高中学校的实验班都是物化生组合,因此整体"学苗"、学习氛围都比较好。很多家长担心生物后期会不会特别难,对于大多数同学而言,生物在整个高中最难的点一般都是高一下学期或者高二上学期的遗传部分,遗传部分只要能够坚持下来,生物没有特别难的点。所以选择物化生组合是一种求稳的选择,学习压力会稍微大一点,但是压力可转化为动力。

再来看物化地组合。物化地组合的专业覆盖率和物化生组合几乎一样,地理在高考最后赋分时往往能够占据一定优势,家长不敢选的最主要原因是传闻地理到了后期特别难,而且地理有太多的不确定性。就在我准备写这本书的时候,我面前就坐着一位选择物化地组合的同学,马上要参加高考,我正在跟他聊天、谈心。他高一时地理非常好,所以放弃了物化生实验班,选择了物化地平行班。到了高二下学期,进入人文地理部分,成绩骤然下降,人文地理整体偏文,而他是一位极度偏理科的同学。他的物理、化学卷面分都能达到85分以上,地理只考了55分,这种情况虽不多见,但是确实存在。这就是为什么我们说选择地理有点赌的成分,虽然赢面大,但也有可能输得很惨。所以选择物化地组合的时候要慎重一点,建议地理成绩特别好的同学可以考虑。

第五天

选科之前先选专业

0101 哲学类

010101 哲学

"我"是谁？是名字吗？名字只是一个代号，去掉这个代号之后，"我"又是谁？当我和你都用"我"称呼自己时，是不是意味着我是你，你是我呢？"我"是谁这个问题，历史上很多哲学家都有过论述，至今仍然没有一个公认的标准答案。

是什么？

哲学是和你谈人生观、世界观、价值观的学科，研究关于自然、社会和人类最普遍问题。通过大量的探讨和分析，提升思想高度，让人思维清晰，让我们对宇宙和自身的理解更深刻。哲学有很多分支，比如形而上学、认识论、伦理学、美学、逻辑学等。如果你想大学毕业就赚钱养家，那不建议报考哲学，做一个业余爱好者是不错的选择。

学什么？

哲学专业会学习一些自然科学知识，毕竟哲学思考需要尊重科学事实；学习不同的哲学流派和他们的思想，如中国哲学、外国哲学、伦理学、逻辑学、美学等；学习哲学方法论，如批判性思维、分析性思维和论证分析等；学习哲学家的思想，如庄子、康德、黑格尔、尼采等人的思想，以及一些其他的内容。

常见就业方向：

1.高校哲学、伦理学等相关课程的教师，这是最适合哲学专业毕业生的工作之一。

2.可以报考党校、区委、公安局、街道办事处、农村合作经济经营管理站等公务员岗位。

3.文秘、编辑、策划等需要文字功底较好的工作岗位。

注意事项：

优点：哲学可以培养人独立思考、批判性思考的能力，遇到复杂的问题可以先分析再解决；培养人清晰表达、高效沟通的能力，有助于提高日常生活和工作中的沟通技巧；还能提高自身的道德认知水平，有助于成为道德高尚的人。

缺点：哲学是一个比较冷门的专业，就业面较窄，对口岗位较少。

适合什么人？

1.家庭条件较好，不看重薪资待遇。哲学专业毕业生想找对口工作，除了考公务员，最好是考研深造，学习周期较长，这就需要家庭有一定经济实力支撑。

2.本科能考上好大学。本科院校的哲学专业越强，将来个人发展空间越大，找工作相对容易。

0201 经济学类

020101 经济学

你打工挣了100元,你拿这100元出去吃顿饭,饭馆老板拿这100元给孩子买玩具,玩具店老板拿这100元从工厂进货,工厂老板拿这100元给你开工资。一共就100元,但满足了这一圈四个人的需求,这就是一个简单的经济学现象。

是什么?

经济学是社会科学领域的基础学科。

大部分人会把经济学和金融学当成一回事,这很正常,因为金融学是经济学的一个分支,而且大学里这两个专业课程设置基本一样。但实际上,经济学是研究人类如何在有限的资源下进行选择和决策的学科,通俗地说,是如何把有限的钱拿给更多的人花;金融学研究的是如何让钱生钱。经济和金融加在一起,才有了现在的经济生活。

学什么?

经济学专业主要学习内容:

1.数学基础课程:包括高等数学、概率论与数理统计、线性代数等,大多数课程对数学要求比较高,学习中需要具备较高的抽象思维能力和逻辑思维能力。

2.基础理论课程:包括如微观经济学、宏观经济学、国际经济学、货币银行学等。

3.应用课程:包括产业经济学、财政学、金融市场等。

常见就业方向:

经济学毕业生可以在大学当经济学老师,但好的大学一般都需要博士;在学术研究机构、智库、政府部门等进行经济学研究;在企业负责经营管理、市场分析、战略规划等；在银行、证券、保险、投资等机构从事投资管理等相关工作；在政府部门、非政府组织等从事经济政策制定、调查和评估工作。

注意事项：

优点：就业范围广。招聘时往往把金融、经济、国际贸易这三个专业当成一个专业看，因此就业范围较广。经济学和金融学曾经是最热门的专业，只要经济在发展，经济学人才的需求量一直较大。

缺点：热门专业，竞争激烈，可能需要通过考研、留学等途径提升竞争力；对数学要求高，有些学校经济学的数学要求和工科相当。

适合什么人？

1.遇到问题能快速反应、解决问题的人。

2.数学好的人。虽然经济类专业文科、理科都可以报考，但经济学不是"文偏理"，和政治学、法学这些学科的区别很大。

3.沟通能力强的人。经济学毕业生工作中和人交流比较频繁，需要较强的沟通能力，如果性格内向，未来可能有一定的就业压力。

0202 财政学类

020201K 财政学　020202 税收学

通俗地说,财政学研究国家层面的钱从哪来,到哪去;应该对谁征税,征多少税,税率是多少;发多少国债,利息定多少;收上来的钱往哪花,怎么花;等等。

是什么?

财政学是个很宏观的专业,主要是研究利用财政手段更好地调节收入分配,对宏观经济进行调控和监督。比如政府如何制定税收政策,教育补贴多少、医疗保险福利待遇支出多少才能做到相对公平等,国家暂时缺钱的情况下,怎么发国债才能维持国家财政稳定。税收学相对财政学来说范围要小很多,主要研究的是税收筹划、税收检查等。

学什么?

财政学和税收学在大学一、二年级的课程设置基本一致,大三的时候,财政学偏向财政,税收学偏向税务,侧重于学税法税制。这两个专业联系很紧密,主要学习内容:

1.数学:财政学、税收学是财政学类下的专业,和经济学一样需要学高等数学、线性代数、概率论与数理统计等数学课程。

2.基础理论课:包括财政学原理、税收学、预算学等,为将来的学习打下理论基础。

3.数量方法课:包括数学分析、统计学、计量经济学等,目的是用数学和统计方法来分析财政问题。

4.应用课:包括财政政策、国际税收、财政分析等,目的是了解财政学在实际问题中的应用。

常见就业方向:

第五天

1.公务员。财政学考公职位会多一些,税收学考公基本只能进税务局。财政局不招聘税收学毕业生,但税务局招聘财政学毕业生。

2.财政学和税收学都属于财政学类专业,学的知识能满足财会金融类岗位的基本要求,所以能进银行、会计师事务所等单位。

3.企业。目前,几乎所有公司都要做税务规划,岗位一般设在财务部或审计部。

注意事项:

优点:财政政策对国家和地方经济发展具有重要影响,所以财政学人才的需求较大,在教育和政府部门、研究机构、企业等多个领域都能找到工作,就业范围较广。

缺点:财政学专业比较热门,报考人数多,竞争比较激烈;在解决实际问题时,需要积累工作经验才能把工作做好;财政学和税收学中涉及需要记的相关制度和法规内容较多,学起来可能会比较枯燥。

适合什么人?

1.虽然财政学和税收学都需要学数学,但主要是用于工作的知识,比较偏文科,大多跟文字打交道,所以能静心梳理知识点的人更适合。

2.税收学毕业生就业相对单一,需要一个人有条不紊地工作,比较适合能坐得住的人。

3.财政学工作压力相对较大,需要具有较强的抗压能力才能适应工作环境。

0203 金融学类

020301K 金融学

想象一下,你手中持有价值上千万元的股票,这些市值是你研究市场和投资做起来的。这种画面可能出现在很多人梦中,但对于金融学从业者来说,这完全能做到。

是什么?

金融学主要研究金融市场的运作、金融产品和服务的创新,以及金融机构管理等方面的知识,涵盖货币银行学、证券投资、保险、信贷管理等多个领域。学习金融学,可以深入了解金融市场的运作机制,明白资本市场的投资策略,并具备分析和处理金融问题的能力。

如果有一笔钱,学经济学的可能会用来下馆子,但学金融学的可能会用来开馆子挣更多的钱。经济学注重让有限的钱发挥更大作用,金融学更注重让钱生钱。

学什么?

金融学专业主要学习内容:

1.基础课程:包括金融学、微观经济学、宏观经济学、会计学、高等数学、高等代数、概率论与数理统计等课程。

2.金融市场:包括金融市场学、公司金融学、国际金融学等课程,研究股票、债券、外汇等金融市场的运作规律和投资策略。

3.金融产品与服务:包括商业银行经济学、证券投资学等课程,了解股票、债券、基金等金融产品和投资银行、资产管理、保险等金融服务的特点,以及其在金融市场中的运用。

4.金融工具与技术:包括数据库原理与应用、编程等课程,掌握金融数据分析、金融工程等金融工具和技术,以便运用于实际工作中。

第五天

常见就业方向：

金融学专业的就业面比较广，如证券公司、保险公司、信托投资公司、基金管理公司、投资银行，企业的生产管理、财务管理，国有四大行（中国工商银行、中国农业银行、中国银行、中国建设银行）和其他商业银行等相关岗位，还可以考公务员，进入财政、审计、海关等部门。

注意事项：

优点：金融学专业就业前景较好，从业者的收入水平通常高于其他行业，升职空间很大。

缺点：金融业竞争激烈，工作节奏快，压力较大。金融市场受经济形势、政策等影响较大，行业风险相对较高，金融业从业者需要具备较强的理论基础、实际操作能力和专业素养。

适合什么人？

1.抗压能力强。投资有风险，资本市场风云变幻，会带来很大的心理压力，需要具备良好的心理素质和强大的决策能力。

2.数学和计算机水平要求较高。像证券投资、保险等工作都需要做风险评估、数据分析，因此数学和计算机功底越扎实，工作起来越得心应手。

3.英语好。英语不够好，毕业后进入外企的概率相对较小，发展空间受到一定限制。

020302 金融工程

有人喜欢高风险、高收益的金融产品，有人喜欢低风险、稳定收益的金融产品。金融工程可以理解为，研究开发各类新型金融产品的专业。

是什么？

金融学和金融工程虽然都带"金融"两个字，区别还是很明显的。金融学侧重于研究现象，分析金融问题；金融工程侧重于发明工具，解决金融问题。金融学像个农民，知道地里什么时候该浇水；金融工程相当于一个自动浇水机，检测土地有多干，然后自动浇水。相对于金融学，金融工程更重理论，更注重运用科学技术和数学工具创造新的金融衍生品，比如期货之类，来降低金融风险。

学什么？

金融工程大部分课程和金融学一样，但更重视数学和计算机知识的学习。金融工程专业主要学习内容：

1.数学基础：包括概率论、数理统计、随机过程等数学知识。

2.计算机技术：学习编程语言、数据结构、算法等计算机科学知识，掌握金融数据处理和模型计算的技能。

3.金融理论：包括金融市场、金融产品、金融机构等基本概念和理论。

4.金融模型：研究如何运用数学模型预测金融市场变动，评估风险和收益，优化投资组合等。

5.衍生品定价：学习期权、期货等金融衍生品的定价原理和方法。

常见就业方向：

金融工程就业方向主要是各大投资银行、证券公司、风险投资公司、保险公司(不是卖保险)等。

1.量化分析师：运用数学模型和计算机技术分析金融市场数据，为投资决策提供依据。

2.风险管理师：评估金融机构面临的市场风险、信用风险等，并制定相应的风险控制策略。

3.衍生品交易员：负责金融衍生品的交易和风险管理，如期权、期货、掉期等。

4.金融工程师：设计和开发金融产品和交易策略，优化投资组合。

5.数据科学家：运用大数据和机器学习技术分析金融数据，挖掘投资机会。

注意事项：

优点：金融工程专业毕业生的工资往往高于其他金融业岗位，水平高、能力强的人更容易找到工作。

缺点：金融工程依赖用电脑建立数学模型，所以对数学、计算机的能力要求非常高;工作强度很大;本科就业率不高,想要成为行业的精英人士,离不开考研深造等来提升能力。

020303 保险学

保险学不等于卖保险,卖保险只是保险业的一部分。制定什么险?保费多少钱?这些才是保险学要研究的事。比如出车祸了,保险公司来定损理赔,参与这项工作的人都是保险行业的从业者。

是什么?

保险学专业主要研究保险制度、保险产品、保险市场、保险公司经营等方面的知识。金融学关注金融市场和金融机构的运作,保险学侧重于风险管理和保障机制的研究。与金融工程相比,保险学更注重实际应用。

学什么?

保险学专业主要学习内容:

1.保险基础知识:包括保险原理、保险法律法规、保险合同等,为后续学习打好基础。

2.保险产品:各种保险产品的特点、保险责任、定价原理和销售策略,如寿险、财产险等。

3.风险管理:研究如何识别、评估和控制个人和企业面临的各种风险,以降低潜在损失。

4.保险公司经营:学习保险公司的组织结构、业务流程、财务管理和市场营销等。

5.精算科学:运用数学和统计学方法预测保险风险,为保险产品定价和准备金计提提供依据。

常见就业方向:

保险学主要有以下就业方向:

1.保险代理人:负责推销保险产品,为客户提供保险咨询和服务。

2.精算师:运用数学和统计学知识评估保险风险,为保险产品定价和准备金计提提供依据。

3.风险管理师:评估和管理企业和个人面临的各种风险,为客户提供风险管理方案和建议。

4.理赔专员:处理保险理赔申请,调查事故原因和损失程度,为客户提供理赔服务。

5.保险产品经理:负责设计和开发保险产品,满足市场需求和客户需求。

注意事项:

保险学分保险管理和精算两个方向。保险管理方向主要学习保险概念、保险术语、各个险种的知识,就业面相对较广。精算方向就像名字一样,注重算,即数字的处理能力。如果能做到精算师,那是妥妥的"金领",但是很难。大部分保险学专业本科毕业生都去了保险公司,少部分能去银行。

适合什么人?

1.学习能力强。精算师被誉为"金领"中的"金领",但对数学的要求非常高。

2.家庭能助力。普通学校的毕业生,可在保险公司做培训讲师,但这种工作很难找。次一点就是去保险公司做内勤,负责理赔或者核保。

3.性格外向,抗压能力强。普通学校保险学的本科生和研究生,毕业后大多数是要去卖保险,而"卖保险的"这四个字,就有些不受人待见。因此,此类从业人员需要口才、毅力、抗压能力、心理承受能力出众,能坦然面对别人的冷眼和偏见。

020304 投资学

手里有了闲钱,很多人都会选择投资理财。理财产品这么多,存款、股票、国债、不动产都能赚钱,投资什么最赚钱,收益最稳定,风险最小? 这就是投资学研究的内容。

是什么?

投资学专业主要研究投资理论、投资方法和投资实践,关注资产配置、投资策略和投资组合管理等方面的知识。通过学习投资学,可以掌握投资决策的基本原理和方法,为个人和企业提供专业的投资建议和服务。与金融学相比,金融学侧重于整个金融市场,投资学侧重于投资某一个板块;与金融工程学相比,金融工程学侧重于研究工具,投资学侧重于实际操作;与保险学相比,保险学侧重于风险管理,投资学侧重于资产增值。

学什么?

投资学基础课程和金融学、经济学差不多,主要学习内容:

1.投资基础知识:包括投资原理、投资市场、投资工具等。

2.投资分析:分析投资项目的盈利能力、风险水平和市场前景,为投资决策提供依据。

3.资产配置:研究如何根据投资目标和风险偏好,合理分配资金,投资不同类型的资产,以实现资产保值增值。

4.投资策略:学习各种投资策略和技巧,如价值投资、成长投资、技术分析等。

5.投资组合管理:研究如何构建和管理投资组合,降低风险,提高收益。

常见就业方向:

目前来看,投资学就业面较广,主要去证券公司、信托投资公司和投资银行等做证券分析师、基金经理、资产管理员等;还可以去咨询公司、资产管理公司、金融控股公司、房地产公司等做投资顾问、金融研究员等。

注意事项:

优点:就业面较广,岗位薪资水平较高;投资学得好,对家庭、个人比较实用。

缺点:高收益、高风险,同时需要有良好的沟通能力。

适合什么人?

1.家庭有底蕴。投资能否成功,除了看专业知识,还需要对市场有灵敏的"嗅觉"和自己的独特见解。如果家庭有从事投资,或者有投资经验的前辈,就能得到很多宝贵经验,有利于学习和工作。

2.性格外向。投资,要有说服投资者把资金交给你的能力,需要很强的沟通能力。

3.喜欢挑战。投资学毕业生基本都想在投资人多、钱多的地方就业,适合敢冲敢闯、喜欢挑战的人。

第五天

0204 经济与贸易类

020401 国际经济与贸易

超市里琳琅满目的进口食品，它们是怎么来到中国的？全球都在用的"中国制造"，又是怎么卖到国外的？如何和外国人做生意，和在国内做生意又有什么不一样？这些都是国际经济与贸易研究的内容。

是什么?

国际经济与贸易专业主要研究国际经济关系、国际贸易理论与政策。国际经济与贸易主要面对国家与国家之间的贸易往来，一般是做跨国生意；贸易经济，一般是做国内生意。有些商品在国内的销路远没有在国外好，比如蜡烛。国内的人一般只在特殊场合点蜡烛，比如停电、葬礼、供奉；但是在国外，蜡烛是日常的家庭装饰品，宗教活动上会大量使用蜡烛。所以，中国蜡烛远销海外，就是一个非常好的国际贸易案例。经济学和金融学之类的专业，侧重于整个金融市场，国际经济与贸易专业更侧重于研究国与国之间的贸易合作。

学什么?

国际经济与贸易专业基础课程和经济学、金融学专业差不多，大三开始学习的内容：

1.国际经济基础知识：包括国际经济学、国际政治经济学等。

2.国际贸易理论：学习如何分析国际贸易的动因、结构和发展趋势。

3.国际贸易政策：研究贸易政策的制定与实施，关注贸易政策对国际贸易的影响。

4.国际商务实务：学习国际贸易合同、国际结算、国际物流等实际操作知识。

5.国际经济合作：研究全球经济一体化、区域经济一体化、多边贸易体制等方面的知识。

常见就业方向：

国际经济与贸易专业就业方向是在货运代理公司（国际物流）、国际贸易进出口公司、海关、商检、商务局、外商独资企业、外商合资企业、外商合作企业等公司或单位，从事国际贸易专员、外贸销售、外贸跟单员、报关员、外经贸研究员等工作。

注意事项：

优点：有机会了解不同国家和地区的文化差异、风土人情。国际经济贸易专业既重理论，又重实操，一般在校就会学习进出口操作流程及进出口生意相关知识。所以，外贸公司喜欢招聘国际经济贸易专业的毕业生。

缺点：近几年欧美经济有衰退趋势，曾经大量院校开设国际经济贸易专业，导致相关专业毕业生过剩。很多毕业生在进入外贸公司之后从事的是销售工作，每天发邮件、打电话联系海外公司，工作业绩波动较大，失业率较高。

国际经济与贸易专业知识面广但不够精，物流、税收、金融、银行、会计、管理这些知识都会涉及，理论上讲能胜任大部分经管类专业工作，但竞争力不强。

适合什么人？

1.英语好。从事外贸工作要和外国人交流，英语，尤其是英语口语要好。邮件、订单信息之类还能借助翻译软件，但电话沟通时只能口语交流。

2.性格外向。销售性质工作需要和客户沟通，国外客户大多喜欢和性格开朗、能说会道的人交往。

3.抗压能力强。因为时差等因素，外贸行业的从业者经常需要熬夜加班，工作强度不是很大但比较累，抗压能力强、能熬夜的人比较适合做外贸工作。

第五天

0301 法学类

030101K 法学

"劝人学法,千刀万剐",这句话并不正确,因为法学是一个努力就会有收获的专业。对于一个普通家庭的孩子,学习法学将来受益很多,很有前途。不过从"千刀万剐"中,我们能看出法学的学习压力大,内卷严重;选择了法学,就要做好长期学习与考试的准备。

是什么?

法学专业主要研究法律、法制和法治,旨在培养具有法律素养、法律实践能力和法治思维的专业人才。通过学习法学,学生可以掌握法律知识,为社会的公正和法治建设贡献力量。

生活离不开法律,我们每天经历的事都要和法律打交道:出门要遵守交通法;工作签订劳动合同,要懂合同法;保证安全有序的生活,依靠的是治安管理处罚法和刑法等法律。随着社会的发展,人们的法律意识越来越强,法学或将越来越重要。

学什么?

法学课程几乎都和法律相关,主要学习内容:

1.法律基础知识:包括宪法、民法、刑法、行政法、经济法等相关法律法规。

2.法学理论:学习法学的基本原理、方法和理论体系,为法律实践提供理论指导。

3.法律实务:包括诉讼、非诉讼、法律服务等实际操作技能,培养实际工作能力。

4.法律研究:研究法律问题、法制改革和法治建设等方面的内容,为处理法律事务提供依据。

常见就业方向：

主要分为以下几类：

1.律师：为客户提供法律咨询、起草合同、参与诉讼等法律服务。

2.法务专员：负责处理企业法律事务和防范法律风险。

3.法官：负责审理案件，维护司法公正和法治。

4.检察官：负责公诉案件，监督司法活动，维护国家法律权威。

5.知识产权顾问：负责知识产权的申请、维护和侵权处理等事务。

注意：法务和律师不太一样。法务是代表公司处理法律事务的，通俗地说，公司告别人或被告，都是法务出面打官司和处理其他问题；律师一般是在律师事务所供职，为别人提供法律服务。法务一般不接不是自家公司的业务，有些公司会外聘律师做法务。

注意事项：

优点："要么当医生，要么当律师"，法律从业者在大众心中是很体面的，社会地位较高，法律服务需求持续增长，行业前景较为稳定；法学专业不仅适用于法律行业，还可以为其他行业提供法律支持和服务，可以跨行业就业。考研、国家统一法律职业资格考试（也称法考、司法考试）都不考数学，这对"数学困难户"群体来说是重大利好消息；家里有个学法的，很多事都能知道如何维权，实用性较强。

缺点：法学专业涉及多种法律法规，学习过程较为复杂，学习压力较大；从事法律工作，需要面对大量法律事务和较大工作压力。法考、法硕考试、法律方向公务员考试，很多人都同时报考，考试压力较大。

适合什么人？

1.自律。想从事法官、高校教师、律师等职业起码需要法学硕士，甚至博士；如果想从事法律工作，还需要通过法考。也就是说，不管是普通大学还是985院校、211院校，不管是硕士还是本科生，想成为法律人，都得通过法考，取得法律职业资格证。法考面前没有学校优势和学历优势，大家都在同一起跑线上。非要说优势，大概就是法硕、法考、公务员考试的内容有重叠，考过一个再考另一个会容易一点。但总的来说，只有足够自律和努力的人，才能熟练掌握那些枯燥的法律条文,通过法考,才能拿到法律行业的入场券。没有法律职业资格证的人,只能做一些法律辅助工作,收入不太理想,工作强度不小。

2.抗压能力强。学习过程已经足够累了,正式工作之后,也不会太轻松。律师和法官都是"加班大户",每天要面对成堆的案件,工作压力较大。

030102T 知识产权

你现在看到的这本书,是受法律保护的。如果有人把内容改几个字,换个封面、书名出版销售,那他就是犯法。因为这本书的知识产权受法律保护。

是什么?

知识产权属于法学类专业,主要研究与知识产权相关的法律、管理和实务问题,包括专利、商标、著作权、商业秘密等方面。进入知识产权专业学习,学生可以掌握知识产权领域的专业知识,为企业和个人维护知识产权提供专业建议。

很多孩子参加过专利比赛,设计一个新的产品。如果有公司看中了这个方案,想生产这种产品,需要给设计这个方案的孩子支付专利费,否则就是违法。这种专利,是知识产权的一种。

学什么?

知识产权属于法学类,主要学习内容:

1.知识产权法律:专利法、商标法、著作权法等知识产权相关法律法规。

2.知识产权管理:掌握知识产权战略规划、知识产权评估、知识产权交易等管理知识。

3.知识产权实务:包括专利申请、商标注册、著作权登记等实际操作技能,培养实际工作能力。

4.知识产权案例分析:通过分析实际案例,掌握知识产权争议解决的实际操作,获得经验。

常见就业方向：

知识产权专业主要从事以下工作：

1.专利代理人：代表客户处理专利申请、审查、维护等事务。

2.商标代理人：代表客户处理商标注册、维护、异议申请等事务。

3.著作权代理人：代表客户处理著作权登记、维护、侵权诉讼等事务。

4.知识产权顾问：为企业提供知识产权战略规划、知识产权评估、知识产权交易等咨询服务。

5.知识产权律师：代表客户处理知识产权诉讼、仲裁、调解等法律事务。

注意事项：

如果不想考研，可以去做商标代理人和专利代理人；如果想谋条好出路，那需要满足通过法律职业资格考试、取得专利代理人资格证、取得硕士学位三个条件。如果考公务员，可以进公检法或者版权局、专利局、商标局等部门。如果想进公检法或者当律师，需要通过法考。

030103T 监狱学

监狱的作用除了关押和管理犯人之外，还需要教化犯人，让犯人意识到自己的错误，改过自新，并且在出狱之后不再犯罪。

是什么？

监狱学专业主要研究监狱管理、教育矫治、犯罪心理等相关领域知识，培养具备专业素质和实践能力的监狱管理人才。学习监狱学专业知识，可以深入了解犯罪心理、矫治方法、监狱管理等知识，为维护社会治安和预防犯罪提供专业支持。

学什么？

监狱学专业主要学习内容：

1.犯罪心理学：学习犯罪行为的心理动机、心理特征和心理干预方法。

2.监狱管理学：掌握监狱的组织、管理、制度等方面的知识。

第五天

3.教育矫治学:学习对罪犯进行教育、矫治等方面的方法和技巧。

4.法律法规:了解与监狱管理相关的法律法规、政策和制度。

常见就业方向:

监狱学专业毕业生如果想当警察等公务员,需要通过相应考试。大学期间一般会有专门备战公务员考试的课程,考起来相对容易一些。要注意的是,监狱学属于法学类专业,毕业后取得的是法学学位。如果想当警察,目前只有中央司法警官学院可以直接通过司法联考入警,其他院校可以通过招警考试入警。

监狱学专业的主要岗位:

1.监狱管理人员:负责监狱的日常管理、维护监狱秩序、预防越狱等事务。

2.教育矫治人员:负责对罪犯进行教育、矫治等工作,帮助罪犯重返社会。

3.社区矫正人员:负责对社区矫正对象进行管理、教育和帮扶等工作。

4.犯罪心理咨询师:为罪犯提供心理咨询和心理治疗服务,帮助罪犯解决心理问题。

注意事项:

优点:监狱学专业毕业生基本都会考公务员或者在事业单位工作,工作相对稳定;现在除了进监狱系统,还可以去社区矫正机构、戒毒所。随着监狱现代化发展,未来可能会有更多岗位。

缺点:就业面比较窄。要做学术研究,需要考研深造;要去监狱系统,需要考公。

适合什么人?

1.吃苦耐劳。有些开设监狱学的院校是警校,在校期间需要持续进行队列训练和体能训练。

2.有从警情怀。愿意为维护治安和预防犯罪贡献力量,当警察的途径有很多,学习监狱学专业是其中一个。想圆警察梦,学习监狱学是一个不错的选择。

0302 政治学类

030201 政治学与行政学

学政治学可以从政,但学政治学不等于从政。

是什么?

政治学,主要研究政治制度、政治行为、政治理论等方面的内容;行政学,关注公共管理、政策分析、组织行为等方面的内容。这个专业的目的是培养具有广泛政治与行政知识的人才,适应社会的公共管理和政策制定需求。

初中就学过,我国的根本制度是社会主义制度。那么什么是社会主义制度? 西方的资本主义制度又是什么,两者有什么区别? 我国的人民代表大会制度和西方的三权分立制度有什么不同? 这些都是政治学研究的范畴。

学什么?

政治学的课程内容可以分为三个层次:最高层次是学习政治哲学,探讨什么是正义公平等;中间层次是政治科学,学习政治体系、国际政治等;实操层次是行政学,包括公共管理、公共财政、行政法学等。除了上述课程,还会学习其他相关课程。

常见就业方向:

1.在民政部门、教育部门、外交部门等从事政策制定、实施和监督工作。

2.教育和研究机构,如在大学、研究所等从事政治学与行政学的教学和研究。

3.媒体与公共关系,如在报纸、电视台等负责新闻报道和撰稿等工作。

注意事项:

1.这种偏理论性的专业,就业情况并不是很理想。最好的出路是考公或进事业单位,一般是做文职工作,工作稳定性较好。本科毕业生基本是进公司做行政和后勤,起点相对低一点,考研之后相对好找工作。

2.两个专业学习的内容都和政治相关,因此对考公和从政的帮助比较大。

适合什么人?

1.很喜欢学政治。包括高中政治和大学的政治类课程,喜欢的人学起来相对轻松。

2.家庭条件较好。考公、考编、考研、从政都需要长期学习、考试,需要一定的家庭条件支持。

030202 国际政治

近几年,国际社会发生了很多大事——英国脱欧、俄乌冲突等,这些事件发生的原因是什么,反映了各个国家的政治关系如何,这都是国际政治研究的内容。

是什么?

国际政治主要研究国家利益、国际合作与冲突、国际法律、外交政策、国际安全等方面的问题。国际政治研究可以帮助我们理解和解释国际社会中的政治现象,为国家和国际组织制定合适的政策和战略提供理论支持。

学什么?

国际政治专业主要学习内容:

1.国际关系理论:包括现实主义、自由主义、建构主义等。

2.国际安全:涉及战争与和平、恐怖主义、核扩散等方面的问题。

3.国际经济:包括国际贸易、全球化、国际金融等方面的知识。

4.国际法:了解国际公法、国际私法、国际刑事法等方面的法律规定。

5.外交政策:分析不同国家的外交政策及其背后的政治、经济和安全动因。

常见就业方向：

1.在外交部、商务部等政府部门从事外交政策和国际事务的研究。

2.研究和教育机构，如在大学、研究所、智库等从事国际政治的教学与研究。

3.媒体与公共关系，如在报社、电视台、新闻网站等负责国际政治新闻的报道和分析。

注意事项：

国际政治和国际关系专业除了研究侧重方向略有不同，几乎可以说是一个专业。

国际政治专业首选考公务员，进党政机关、外事部门；考研深造，去高校当老师；进新闻媒体单位当记者，专业对口。

适合什么人？

1.有耐心。国际政治专业需要长期学习、考试，没耐心很难坚持下来。

2.英语好。国际政治对英语要求较高，涉及对外交往的工作，英语好是基本条件，听说读写都要过硬。

030203 外交学

电视新闻上总能见到外交部发言人澄清谣言，表达我方观点，这个职业是每个学习外交学的人的梦想。

是什么？

外交学是研究国家间交往、沟通与合作的一门学科，它关注外交政策、外交手段、外交制度以及国际争端解决等方面的问题，目标是培养具备全球视野、跨文化沟通能力以及敏锐的政治智慧的外交人才。需要注意，国际政治不等于外交学。虽然都是研究对外交往事务，但是国际政治偏向理论研究，外交学偏向实际外交操作。

学什么?

外交学主要学习内容:

1.外交史:了解不同时期和地区的外交历史,了解外交传统与现实背景。

2.外交政策:研究各国的外交政策,了解国家利益、战略目标以及政策制定过程。

3.外交手段与技巧:学习各种外交手段如谈判、斡旋、公共外交等,培养实际操作能力。

4.国际法:掌握国际公法、国际私法等方面的知识,为外交活动提供法律支持。

5.跨文化沟通:了解不同国家的文化背景,提高在国际交往中的沟通与协调能力。

常见就业方向:

1.在外交部、领事馆等政府部门从事外交工作。

2.研究和教育机构,如在大学、研究所、智库等从事外交学的教学与研究。

3.媒体与公共关系,如在报社、电视台、新闻网站等负责国际政治新闻的报道和分析。

注意事项:

外交学专业最理想的就业方向是进入外交部,或者在新闻媒体做国际新闻的采集、编辑之类的工作,不过只有尖子生中的尖子生才有可能被外交部录用。除了考研深造当老师、考公务员,外交学因为对英语水平要求较高,可以进外企做和英语相关的工作。

0303 社会学类

030301 社会学　030302 社会工作

疫情期间,小区里负责给你家送菜、通知做核酸、消毒等工作的网格员和其他工作人员,我们往往称为"社区的人",全名叫作"社会工作者"。

是什么?

社会学主要负责分析社会现象,研究社会中人的行为,并提出解决方法。社会工作主要负责具体解决社会问题,比如受灾群众的安抚和疏导,家庭关系调解,敬老院、孤儿院的福利工作等。社会学专业研究社会结构、社会行为、文化与价值观等方面的问题;社会工作专业则致力于解决社会问题,关注个人、家庭、群体和社区的福祉,提供专业的帮助与支持。总的来说,社会学偏理论研究,社会工作偏实践工作。

经济的飞速发展带来了便利和好处,同样带来了很多问题。比如两性权益、社会福利、退休后老人的生活问题等,这些问题都需要分析原因,并且妥善解决。

学什么?

社会学和社会工作专业主要学习内容:

1.社会学基础理论:了解社会学的基本概念、理论和方法。

2.社会调查与研究:学习如何进行社会调查与研究,分析和解释社会现象。

3.社会政策与福利:了解社会政策的制定、实施与评估,研究社会福利制度。

4.社会工作实践:学习社会工作的方法与技巧,包括评估、干预、管理等。

5.人际沟通与协作:培养与不同群体有效沟通和协作的能力,建立良好的人际关系。

第五天

常见就业方向：

1.在民政部门、社会事务部门等负责社会政策的制定与实施。

2.社会服务机构,如在社会工作服务中心、康复中心、养老院等提供社会工作服务。

3.非政府组织,如在慈善机构、环保组织等推动公共利益事业,服务社区发展。

4.研究和教育机构,如在大学、研究所、智库等从事社会学和社会工作的教学与研究。

5.企业和公司,如在企业社会责任部门、人力资源部门等负责员工福利和社会责任项目。

注意事项：

1.社会学专业除了考公、考研当老师,还可以进媒体单位从事文案工作。

2.社区工作者一般没有编制,工作相对稳定。当然,遇到疫情这类突发情况时,需要社区工作者冲在第一线。

3.社区工作是社会工作的一种,社区工作比社会工作更集中。

4.对于社会工作专业毕业生,考公进民政系统、街道办事处、居委会有优势,也可以进入社工机构、公益组织、福利机构、工会、妇联等。

适合什么人?

1.有爱心,有社会责任感。社会工作不只是居委会大妈整天处理家长里短的事,受灾地区的物资发放、政策通知、安抚群众等都需要社会工作者,这些工作都需要有乐于助人的爱心。

2.沟通能力强。社会工作需要和各类群体打交道,沟通能力越强,问题就越好解决。

0304 民族学类

030401 民族学

春晚舞台上,各民族同胞穿着自己民族的特色服饰载歌载舞。各民族大都有自己独特的语言、文字、信仰、美食、生活习惯,特色鲜明,丰富多彩。

是什么?

民族学是研究民族的发生、发展和变化的专业,以民族及其文化为研究对象,通过实地调查,分析文献资料,研究民族的起源、发展以及消亡的过程,弄清各民族的社会经济结构、政治制度、风俗习惯、宗教信仰、语言文字等。

民族学家关注全球各地不同民族和文化群体的生活方式、信仰观念、传统习俗等,为解决民族与文化问题提供理论支持和实践指导。

学什么?

民族学专业主要学习内容:

1.民族学基础理论:了解民族学的基本概念、理论和方法。

2.人类文化多样性:研究全球各地不同民族和文化群体的生活方式、信仰观念、传统习俗等。

3.社会与文化变迁:探讨民族和文化在历史进程中的演变和发展。

4.民族与文化政策:了解民族和文化政策的制定、实施与评估,研究民族和文化保护与发展。

5.跨文化交流与合作:培养与不同民族和文化背景人群有效沟通和协作的能力。

常见就业方向:

1.在民族事务部门、文化部门等负责民族和文化政策的制定与实施。

2.研究和教育机构,如在大学、研究所、智库等从事民族学的教学与研究。

第五天

3.从事文化遗产保护工作,如在文化遗产保护机构、博物馆等参与民族文化遗产的保护与传承。

4.非政府组织,如在民族文化促进会、民间文化组织等推动民族文化事业的发展。

5.跨文化交流与合作,如在国际组织、外交部门等参与跨文化交流与合作项目。

注意事项:

民族学是相对冷门的专业。最理想的对口工作是进宗教局或考研深造当本专业老师。考研建议选择少数民族多的省(区、市)的大学,如云南大学,相对于其他省(区、市)的大学来说更有优势。

0305 马克思主义理论类

030503 思想政治教育

小学有思想品德课,中学有道德与法治课,高中有思想政治课,大学有马克思主义原理等课程,考研必考政治。思政教育,贯穿了一个人的学生时代。

是什么?

思想政治教育是一个偏理论的专业,目的是指导人们形成正确思想,主要研究人的思想观点以及人生观、世界观的形成规律。思想政治教育专业关注国家意识形态建设,培养担当民族复兴大任的优秀人才。

学什么?

思想政治教育专业主要学习政治理论(如马克思主义基本原理、毛泽东思想、邓小平理论等)、历史文化(如中国古代史、近现代史、世界历史、文化研究等)、社会科学(如经济学、哲学、法学、教育学等)等。

常见就业方向:

思想政治教育专业毕业生可以从事中小学政治教师、大学思想政治理论课教师、企事业单位党务工作人员、政府部门工作人员、新闻媒体从业人员等工作。

本科毕业可以选择考公,去事业单位当思想政治老师,硕士毕业有机会去高校做政治辅导员,博士毕业有机会在高校从事教学与学术研究。

注意事项:

优点:工作稳定,有较高的社会地位,几乎所有学校都有思政课老师。

缺点:思政教育专业需要考试、考证,本科毕业生就业面较窄,收入可能达不到心理预期。

0401 教育学类

040101 教育学　040104 教育技术学

教育学并不完全是去学校当老师,但当老师是师范类专业的对口工作。

是什么?

教育学专业是研究教育理论、实践和方法的专业,关注教育过程中的教与学、评价与管理等方面,目的是培养具备教育教学、研究和管理能力的人才,为社会提供优质的教育资源。教育学不是探究如何授课,而是研究如何有效从事教育教学活动。

教育技术学是研究如何将多媒体技术、网络技术等应用于日常教学,让教学过程更丰富和多样化,使大家更容易懂、更容易学。比如多媒体教室、网课平台,这些辅助老师上课的技术都是教育技术学的研究内容。

学什么?

教育学主要学习内容:

1.教育基础理论:教育学原理、心理学、教育史等课程。

2.教育方法与技巧:教学法、课程设计、教育评价等课程。

3.教育实践:实习教师、辅导员等实际工作经验。

4.教育管理:学校管理、教育政策、教育法律法规等内容。

5.教育研究:教育改革、教育创新、课题研究等内容。

教育技术学主要学习内容:

1.教育基础理论:教育学原理、心理学、教育史等。

2.计算机科学与技术:计算机基础知识、编程语言、网络技术等。

3.多媒体设计与制作:图像处理、音视频编辑、动画设计等。

4.教育信息技术:教育软件开发、教育数据分析、在线教育平台建设等。

常见就业方向：

教育学专业毕业生可以在学校、教育行政部门、培训机构、教育咨询公司等做教育管理、教育研究与发展、教育培训与咨询服务等工作。

教育技术学主要就业方向：

1.在中小学、高校、职业学院等教育机构中担任教育技术支持人员，负责多媒体教学资源设计与制作、网络课程开发、信息化教学环境建设和维护等。

2.在各类培训机构、教育咨询公司、在线教育平台等从事课程设计、在线教育产品开发、教育数据分析等工作。

3.在教育行政部门负责教育信息化政策制定、教育技术项目管理、教育技术研究与评估等工作。

4.在教育技术科研机构从事教育技术领域的研究、课题申报与开发、教育技术成果推广等工作。

5.在教育软件开发公司、教育硬件制造商、互联网教育公司等担任产品经理、技术研发、市场推广等工作。

注意事项：

优点：教育技术学专业就业面广。发展前景看掌握技术的程度，技术水平越高，发展越好。

缺点：教育学几乎为纯理论学科，就业面相对较窄。想在对口岗位取得成就，离不开考研深造、考公，如教育学专业毕业生想去教育局就需要考公务员。

040102 科学教育　040103 人文教育

形象地说，科学教育就是高中的理科，人文教育就是高中的文科。

是什么？

简单地说，科学教育就是理科大综合教育，主要是在学校进行理科综合或理科单科课程的教学工作。人文教育就是文科大综合教育，主要是从事文科综合课程或文科单科课程的教学工作。同样都属于教育学，都不能直接当老师，想当老师需要考教师资格证或公费师范生。

第五天

学什么?

科学教育专业和人文教育专业主要学习内容:

1.教育学基础知识:教育学原理、心理学、教育史、教育法律法规等。

2.教育技术与教学方法:包括课程设计、教学方法、实验教学、多媒体教学等。

3.实践教学:包括教育实习、科学实验教学实践、微型课程设计与实施等。

除此之外,科学教育专业需要学习基础科学知识,包括数学、物理、化学、生物等学科的基本原理和概念;人文教育专业需要学习基础人文知识,包括文学、历史、哲学、艺术等学科相关知识。

常见就业方向:

科学教育专业毕业生除了做教师,还可以做科普教育工作者,在科技馆、博物馆、自然保护区等单位从事科普教育和普及活动。人文教育专业毕业生除了做教师,还可以做文化教育工作者,在文化馆、博物馆、艺术院校等单位从事人文教育和普及活动。

注意事项:

同样是当老师,学校可能会更倾向于招聘师范生,因为师范生更侧重于教学生学科知识,对升学更有帮助。教育学领域老师侧重于从事兴趣教育,比如小学的科学老师、艺术老师等。

040106 学前教育　040107 小学教育

从刚出生到上小学,都属于学前教育,小学教育大家都很清楚。

是什么?

学前教育主要关注幼儿的身心发展、认知能力、艺术和音乐等多方面能力的培养,促进幼儿全面发展。小学教育主要关注学生的基础知识和技能培养,如语文、数学、英语等学科,以及品德教育、体育锻炼和艺术培养等方面。

学什么?

学前教育专业主要学习内容:

1.教育学基础知识:教育学原理、心理学、教育史等。

2.幼儿教育学:包括幼儿教育理论、幼儿课程与教学方法等。

3.儿童心理学:了解幼儿在不同年龄阶段的心理特点、行为规律以及如何进行心理干预。

4.幼儿健康与营养:学习幼儿生长发育的特点、幼儿保健知识以及幼儿饮食营养知识。

5.艺术教育:包括幼儿美术教育、音乐教育、舞蹈教育等,培养幼儿的艺术素养。

小学教育专业主要学习内容:

1.教育学基础知识:教育学原理、心理学、教育史等。

2.小学教育学:包括小学教育理论、课程与教学方法等。

3.小学各学科的知识体系和教学方法:如语文、数学、英语、科学等。

4.素质教育与德育:了解如何培养学生的品德素质、心理素质、体育素质等综合能力。

5.教育技术:学习多媒体教学、信息技术在教育中的应用等。

常见就业方向:

学前教育专业主要就业方向:

1.幼儿园教师:在各类幼儿园担任班主任、教学工作。

2.早教中心教师:在早教中心从事针对0—3岁婴幼儿的教育工作。

3.幼儿培训机构:在幼儿培训机构担任艺术、舞蹈、音乐等课程的教师。

4.教育发展研究:在教育研究机构、出版社等单位从事课程研发、教材编写、教学资源开发等工作。

5.教育管理:在教育行政部门、幼儿园等单位从事学前教育管理、规划与评估工作。

小学教育专业主要就业方向:

1.在各类小学担任各个学科的教学工作。

第五天

2.在教育研究机构、出版社等单位从事课程研发、教材编写、教学资源开发等工作。

3.在教育行政部门、小学等从事小学教育管理、规划与评估工作。

注意事项：

1.学前教育包括幼儿教育，但不等于幼儿教育。幼师只是从事幼儿教育，学前教育还包括婴儿教育。

2.学前教育随着新生儿数量下降，未来有可能走下坡路。

3.这两个专业女生偏多，但男生相对更容易找工作。

040108 特殊教育

《千手观音》是让人印象深刻的春晚舞蹈节目之一，不仅因为舞蹈非常精彩，而且演员全部是听力障碍者。这段舞蹈，便是特殊教育老师努力的成果。

是什么？

特殊教育专业关注不同类型的身心障碍者的教育与康复，包括视力障碍、听力障碍、智力障碍、言语障碍、身体障碍和多重障碍等。

特殊教育专业的目标是通过个性化的教育方法和辅助技术，帮助身心障碍者充分发挥其潜能，提高生活质量，实现自主、自立和自尊。

学什么？

特殊教育专业主要学习内容：

1.教育学基础知识：教育学原理、心理学、教育史、教育法律法规等。

2.特殊教育学：包括特殊教育理论、特殊儿童评估与诊断、特殊教育课程与教学方法等。

3.康复技术：学习视力、听力、言语、智力等方面的康复技术，以及康复心理学等知识。

4.辅助器具与技术：了解各类辅助器具的使用原理、操作方法和适用对象，以及信息技术在特殊教育中的应用。

5.特殊教育心理学：学习特殊儿童的心理特点、心理发展规律以及心理干预方法。

6.特殊教育法律法规：了解与特殊教育相关的法律法规、政策和标准，保障特殊儿童的权益。

7.实践教学：在特殊教育学校实习，培养学生的实际操作能力。

常见就业方向：

1.在特殊教育学校担任教师。

2.从事康复治疗、评估和指导等工作，帮助身心障碍者提高生活质量和自主能力。

3.在社区福利机构、残疾人服务中心等机构提供特殊教育服务，帮助身心障碍者更好地融入社会。

4.在教育研究机构、出版社、教育咨询公司等从事特殊教育课程研发、教材编写等工作。

5.在教育行政部门、特殊教育学校等从事特殊教育的管理、规划与评估工作。

6.在辅助器具企业从事辅助器具的研发、销售、技术支持等工作。

7.在高校和研究机构从事特殊教育领域的教学、科研和培训工作。

注意事项：

优点：特殊教育专业毕业后相对好就业，算得上供不应求，且受人尊敬。薪资水平相对普通教育行业较高，还可能有特教津贴。

缺点：不是所有人都有勇气面对特殊儿童。在面对特殊儿童时，心理压力会比较大，需要不断调整自己的心态去适应。特殊儿童可能会有行动不便、接受知识障碍等困难，工作相对来说更需要爱心、耐心。

第五天

0501 中国语言文学类

050101 汉语言文学　050102 汉语言

汉语言文学基本不培养作家,主要培养评论这些作家作品的人。

是什么?

虽然这两个专业都叫汉语言,汉语言文学重点在"文学",研究的是用汉语书写的文学作品,比如诗歌、散文、小说等;汉语言研究的是语言本身,比如"街"这个字为什么在多数地区的方言里读"gāi",这些读音是如何发展而来的。在高考语文科目中,汉语言文学更多对应的是阅读理解和古诗文赏析题,汉语言更多对应的是语言文字应用题。

学什么?

汉语言文学专业主要学习古典文学、现当代文学、文学理论、文艺评论、文学创作、比较文学与世界文学,以及其他相关课程。

汉语言专业主要学习汉语语言学,如汉语的音韵学、语法学、语义学、修辞学等;还会学习古汉语、现代汉语、语言教学方法、对外汉语教学、语言测试与评估,以及其他相关课程。

常见就业方向:

汉语言文学专业主要就业方向:

1.中小学语文教师、大学汉语言文学专业教师等。

2.在出版社、报社、杂志社、网络媒体等从事编辑、记者、撰稿人等工作。

3.在图书馆、博物馆、文化馆等文化机构从事相关工作,如馆员、策展人等。

4.从事小说、散文、诗歌等文学作品的创作和发表。

5.在各类媒体平台上担任文学评论家、文艺评论员等,对文学作品进行评价与分析。

汉语言专业主要就业方向：

1.中小学语文教师、大学汉语言专业教师、对外汉语教师等。

2.在国内外从事汉语教育、汉语培训等工作,如担任海外汉语教师、汉语角组织者等。

3.在企事业单位担任企业的培训师、中文沟通顾问等。

4.从事中文与其他语言之间的翻译工作,如笔译、口译、同声传译等。

5.从事汉语研究、语言规划与政策制定等工作。

注意事项：

优点:这两个专业学习比较轻松。学习内容对记忆和写作有帮助,当语文老师有优势,考研考公相对容易。很多公司和企业招聘文秘、文员、策划的时候,都比较喜欢招聘汉语言文学专业的毕业生,因此就业面较广。

缺点:用人单位对能力的看重大于学历。一般来说,文笔越好,成就会越高。如果想出人头地,需要大量阅读积累和文笔练习。

适合什么人?

1.酷爱阅读和写作的,适合选择汉语言文学。这样可以将兴趣作为动力提升自己的文笔,获得更好的发展。

2.喜欢发帖子、写文学评论的,对网络热点和新闻愿意发表自己的看法,这样可以锻炼赏析评价能力。

050103 汉语国际教育

"全世界都在说中国话",外国人想学中国话,就需要汉语言国际教育。

是什么?

从专业名称就能看出,这是教外国人学汉语的专业。汉语国际教育专业,又称对外汉语教育专业,关注如何向非母语者有效地传授汉语知识,以及如何在不同文化背景下进行汉语教学。

第五天

学什么?

汉语国际教育专业主要学习内容:

1.汉语语言学:包括汉语的音韵学、语法学、语义学、修辞学等。

2.汉语教学法:学习针对非母语者的汉语教学方法和技巧,如教学设计、教学评估等。

3.跨文化交际:研究不同文化背景下的沟通方式和习俗,提高跨文化沟通能力。

4.对外汉语教材研究:学习如何编写和选用适合非母语者的汉语教材。

5.对外汉语测试与评估:掌握汉语水平测试的方法和技巧,如HSK(汉语水平考试)等。

6.汉语言文学基础知识:了解中国古典文学和现代文学的基本知识。

常见就业方向:

1.在国内外的学校、培训机构或企事业单位担任汉语教师。

2.汉语教材编写:为非母语者编写或编辑汉语教材。

3.跨文化交流与合作:在涉及中外文化交流的项目中担任协调、沟通和翻译等工作。

4.汉语水平测试:参与汉语水平测试的组织、管理和评分工作,如HSK等。

5.研究与咨询:从事汉语教育的研究、规划和政策制定等工作。

注意事项:

1.汉语国际教育专业主要是教在中国的外国人学中文,如果不是自身有出国计划,一般不出国教外国人学中文。外国招中文老师,会优先招本国的华人,不太会考虑来中国招老师。

2.出国任教一般是学校派到海外当志愿者,去的地方一般是东南亚、非洲、南美洲等。一般来说,很少去欧美发达国家。

3.国家选派的公办教师可以出国,但选拔标准和外交官差不多,很难选上。毕业后直接去中国的汉语培训机构收入会不错,但不是很稳定。

4.随着中国文化向国外推广力度越来越大,来华留学生数量越来越多,对中文老师的需求会适当增加,发展前景良好。

0502 外国语言文学类

050201 英语　050262 商务英语

外语学习,永无止境。没有确定的终点,只有阶段性胜利。外语学习的最终形态,大概是将外语变成自己的生活方式。

是什么?

英语专业是一门涉及英语语言、文学、文化和跨文化交流等方面的综合性学科。这个专业学生将学习英语的听、说、读、写、译等技能,同时深入研究英美文学、文化以及跨文化交际等领域的知识。商务英语是英语专业的一个分支,主要是面对商务领域的英语使用。因此,商务英语既要学英语知识,又要学商务知识和技能。

为什么英语从小学到高中都占据基础学科位置?为什么大学生要参加英语四、六级考试,考研还要考英语?因为英语是国际通用语言,不管是官方交流、学术沟通、企业合作、商务谈判,使用的语言大部分都是英语。

学什么?

英语专业主要学习内容:

1.英语语言学:研究英语的音韵学、语法学、语义学、修辞学等知识。

2.英美文学:学习英国和美国的古典文学、现代文学、戏剧等各种文学体裁和作品。

3.英语教学法:掌握英语教学的理论、方法和技巧,以及教学评估等知识。

4.翻译与口译:学习英语与其他语言之间的翻译技巧和方法,包括笔译和口译。

5.跨文化交际:了解不同文化背景下的沟通方式和习俗,提高跨文化沟通能力。

6.商务英语:学习商务环境中使用英语的技巧和规范,以及相关商务知识。

商务英语专业主要学习内容：

1.英语语言技能：提高听、说、读、写等方面的英语能力，了解商务习惯和沟通方式，提高跨文化沟通能力。

2.国际贸易基础知识：学习国际贸易的基本原理、流程和规则。

3.市场营销：掌握市场营销的基本理论、方法和策略。

4.经济法律法规：了解与国际商务相关的经济法律法规和政策。

常见就业方向：

英语专业主要就业方向：

1.教育行业：在中小学、大学以及培训机构担任英语教师、教育顾问等。

2.翻译和口译：从事英语与其他语言之间的翻译工作，如笔译、口译、同声传译等。

3.外企和跨国公司：担任外企的英语秘书、客户服务、市场推广员等。

4.出版和传媒行业：在出版社、报社、杂志社、网络媒体等领域担任编辑、记者、撰稿人等。

5.跨文化交流与合作：参与涉及中外文化交流的项目，如外事接待、活动策划等。

商务英语专业主要就业方向：

1.外企和跨国公司：在外企、跨国公司以及涉外企业担任市场营销、客户服务、人力资源等职位。

2.国际贸易：从事国际贸易、物流、采购等方面的工作。

3.商务翻译：担任商务文件的翻译、商务谈判的同声传译等工作。

4.银行和金融机构：在银行、金融机构以及保险公司从事国际金融、投资等方面的工作。

5.外事部门：在政府外事部门、外交机构等从事外事接待、公关、活动策划等工作。

注意事项：

1.英语类专业涉及面太广，因此很难有明显的优缺点，能发展到什么程度更多取决于自身的英语水平。在英语推广度越来越高的趋势下,有时非英语类专业的人英语水平更高。

2.一般大学都有英语专业,学生人数多,竞争激烈,但高端英语人才仍供不应求。

3.同等水平下,商务英语这样的专业英语,面对本领域对口工作时,相对英语专业毕业生就业会更有优势。

4.同等水平下从事翻译工作,翻译专业的毕业生要比其他英语专业的毕业生更有优势,因为翻译专业更加专注翻译本身。

5.商务英语和国际贸易专业相比,从事国际贸易相关工作时区别不大,二者相辅相成。商务英语专业能从事英语相关工作,国际贸易专业能从事经管相关工作。

适合什么人?

1.有语言天赋。有些人学英语就是上手快,学起来比较轻松。

2.英语成绩好。英语专业离不开枯燥的学习和考试,高中英语成绩好,基本能说明努力程度和自律性都不差。

3.有英语学习环境。如在英语国家留过学,父母双方有说英语的。如果孩子的第一或第二母语是英语,学习英语专业相对会更轻松。

050261 翻 译

夏目漱石曾将"I love you"翻译为"今夜月色真美"。那如何翻译"I love you too"呢?翻译为"风也温柔"。这大概就是翻译专业的魅力所在吧!

是什么?

翻译专业目标是培养具备高度翻译技能和跨文化沟通能力的专业人才,学生在该专业中学习两种或多种语言之间的翻译技巧,包括笔译、口译和同声传译等。此外,翻译专业还强调对各领域知识的了解,以应对不同类型的翻译需求。

学什么?

翻译专业主要学习内容:

1.翻译理论与技巧:了解翻译的基本原理,学习不同翻译方法和技巧,如直译、意译等。

2.笔译实践:掌握各种文体和领域的笔译技巧,如文学翻译、科技翻译、法律翻译等。

3.口译实践:学习交替传译、同声传译等口译技巧,并熟练掌握实际口译场景的操作。

4.跨文化交际:了解不同文化背景下的沟通习惯和特点,提高跨文化沟通能力。

5.专业领域知识:掌握各专业领域基本知识,以适应不同类型翻译需求。

常见就业方向:

1.专业翻译公司:在专业翻译公司从事笔译、口译等翻译工作。

2.政府机构:在政府部门、外事办公室等机构担任翻译或外事工作。

3.国际组织:在联合国、世界贸易组织等国际组织从事翻译或跨文化沟通工作。

4.外企和跨国公司:在外企和跨国公司的市场营销、客户服务、公关等部门担任翻译或外事工作。

5.自由职业者:作为自由翻译者,为各类客户提供翻译服务。

注意事项:

1.和英语专业相比,开设翻译专业的院校较少。一般来说,能开设翻译专业的院校实力较强。

2.翻译属于朝阳行业,高端人才比较抢手。但想达到同声传译这种水平,本科学习远远不够。

小语种专业

是什么?

小语种专业包括050202俄语、050203德语、050204法语、050205西班牙语、050206阿拉伯语、050207日语、050209朝鲜语等。本篇以人数较多的日语专业为例,类比其他小语种专业。除学习课程因语种不同有区别外,其他内容各小语种大致相同。

学什么?

日语专业主要学习内容:

1.日语语言技能:提高听、说、读、写等方面的日语能力。

2.日本文学:学习日本古典文学、现代文学、戏剧等各种文学体裁和作品。

3.日语教学法:掌握日语教学的理论、方法和技巧,以及教学评估等方面知识。

4.翻译与口译:学习日语与其他语言之间的翻译技巧和方法,包括笔译和口译。

5.跨文化交际:了解不同文化背景下的沟通方式和习俗,提高跨文化沟通能力。

6.日本国情与文化:学习日本的地理、历史、社会、政治、经济等方面基本知识。

常见就业方向:

1.教育行业:在中小学、大学以及培训机构担任日语教师、教育顾问等。

2.翻译和口译:从事日语与其他语言之间的翻译工作,如笔译、口译、同声传译等。

3.外企和跨国公司:担任外企的日语秘书、客户服务、市场推广等职位。

4.出版和传媒行业:在出版社、报社、杂志社、网络媒体等领域担任编辑、记者、撰稿人等。

5.跨文化交流与合作:参与涉及中日文化交流的项目,如外事接待、活动策

第五天

划等。

注意事项:

1.除少数中小学开设小语种课程外,大部分小语种专业学生接触小语种较晚。

2.高考时,日语、俄语、德语、法语、西班牙语可以代替英语。

3.俄语、汉语、阿拉伯语被誉为世界三大最难学的语言。

4.学习小语种大多需要排除母语干扰。

5.小语种专业的毕业生在从事该语种所属国家的外企外贸工作时,相对英语更有优势。

6.法语专业毕业生出国就业目前主要是非洲,不是法国。

7.西班牙语是除汉语和英语之外,世界上使用最广的语言。西班牙语毕业生出国就业大部分是去拉丁美洲国家。

8.阿拉伯语专业就业面相对窄。石油、化工、基建类大型国企会招一些,更主要是进外贸公司和企业。

9.朝鲜语包括朝鲜、韩国和中国朝鲜族的语言。

10.中国和哪个国家关系越密切、相关合作越多、政策越好,这个国家对应语言的小语种专业相对来说会更容易就业。

0503 新闻传播学类

050301 新闻学

《新闻联播》中主持人播报的内容、连线记者对现场事件的介绍、电视台专访等一切和新闻相关的工作和内容,都是新闻传播学类专业人才努力的成果。

是什么?

新闻学学习研究对象既包括新闻采访、写作、编辑、评论和摄影摄像,又包括新闻传播理论、新媒体实践,目标是培养具备批判性思维和创新精神的新闻人才。不管是报纸还是电视,网站还是社交平台,你能看到的所有新闻报道、简讯、新闻短视频、新闻节目等,都是新闻学的研究内容。

学什么?

新闻学主要学习内容:

1.新闻传播理论:了解新闻传播的基本原理、流程和规律。

2.新闻采编与写作:新闻采访、写作、编辑等方面的技巧,掌握各类新闻报道的特点和要求。

3.新闻评论:学习新闻评论的基本方法和技巧,培养批判性思维能力。

4.新媒体传播:了解新媒体平台的特点和发展趋势,学习在新媒体环境下的新闻传播策略。

5.广播与电视新闻:学习广播、电视新闻的制作和播出技术,掌握视听新闻的表现手法。

常见就业方向:

1.新闻媒体:在报纸、广播、电视台、网络媒体等机构从事新闻采访、报道、编辑等工作。

2.传媒公司:在传媒公司担任策划、编导、制片人等职位,参与各类新闻节目的制作和推广。

3.公关公司:在公关公司担任公关策划、媒体关系管理、活动组织等工作。

4.广告公司:在广告公司从事广告创意、文案策划、媒介投放等方面工作。

5.政府机构:在政府宣传部门等担任新闻宣传、舆情分析等工作。

注意事项:

1.新闻学工作比较辛苦。新闻工作者特别是记者,哪里有新闻就要去哪里。灾害现场、战争前线、偏远地区等都需要记者冲在前线,有时甚至有生命危险。做采访时并不是所有人都会配合,经常面对别人的拒绝甚至冷眼相对。

2.新闻学工作需要宽泛的知识面,并且最好有擅长的领域。如法制频道需要法律知识,经济频道需要经济学知识,这些知识需要自己业余时间学习,这样才能更好地胜任工作。

适合什么人?

1.性格开朗,喜欢与人交流。新闻大部分来自采访,交流得当才有更大概率得到自己想要的信息。

2.有同理心。站在受访人的角度思考问题,与之共情,更容易得到更多有价值的信息。

3.有判断力。要有能判断一件事能否成为热点新闻的嗅觉。

4.自律。大学期间新闻学的学业内容相对较少,只有自律的人,才能做到利用课余时间加强学习、提升能力。

050303 广告学

粗略估计,一个人一天要浏览超过100条广告。这些广告,都是广告学的杰作。

是什么?

广告学是专注于培养广告创意、策划、设计和传播等方面人才的专业。商场的广告牌、路边接到的传单、电梯里的广告板、刷视频看到的广告帖、软文、短视频……广告已经不知不觉间布满了我们生活的每个地方。

学什么？

广告学专业主要学习内容：

1.广告理论：了解广告的基本概念、原理和发展历程。

2.市场营销：学习市场营销的基本方法、策略和趋势，培养市场敏感性。

3.广告创意与文案：学习广告创意的构思、文案撰写、视觉设计等方面的技巧。

4.广告策划：学习广告活动的策划、执行和评估过程，掌握广告项目管理技能。

5.媒介策略与投放：了解各种广告媒介的特点和优势，学习选择和投放策略。

6.广告法律与伦理：了解广告行业的法律法规、道德规范和行业标准。

常见就业方向：

1.在广告公司担任广告创意、文案策划、设计师、媒介策划等职位。

2.在报社、杂志社、广播电台、电视台等传媒机构从事广告策划、制作和推广工作。

3.在企业品牌部门担任品牌策划、市场营销、广告宣传等工作。

4.在数字营销公司从事线上广告策划、互联网广告投放、数据分析等工作。

5.在公关公司担任活动策划、媒体关系管理、宣传推广等职位。

注意事项：

1.广告学包括广告设计，但如果想专门做图像之类的设计，企业一般会选择平面设计、视觉传达之类专业的毕业生。广告学毕业生在这个领域不太有优势。

2.广告学找工作不难，但找到好工作比较难，因此提升综合实力才是硬道理。

第五天

0601 历史学类

060101 历史学

"夫以铜为镜,可以正衣冠;以史为镜,可以知兴替;以人为镜,可以明得失。"学习历史,是在与另一个灵魂进行跨越千百年的共鸣。

是什么?

历史学就是研究历史的,只要是历史上的事,政治、军事、文化、社会,以及自然环境的变化都是历史学研究范畴。历史学是一门研究人类历史发展、事件、人物、文化等方面的学科,通过学习历史研究的基本理论和方法,了解世界各国和地区的历史演变和文化传承,达到"以史为鉴"的目的。

学什么?

历史学主要学习内容:

1.史学理论与方法:了解历史学的基本理论、研究方法和技巧。

2.中国史:学习中国的历史发展、政治制度、社会变革、文化传承等方面的知识。

3.世界史:了解世界各国和地区的历史演变、文化交流、政治经济发展等方面的知识。

4.文物考古:学习文物考古的基本理论、技术和实践,掌握文物保护和修复的方法。

5.古籍阅读与研究:学习古籍的阅读、解读和研究技巧,了解古代文化和思想的传承。

6.历史地理:了解历史时期的地理环境、人类活动和地域文化等方面的知识。

常见就业方向：

1.教育行业：在中小学、大学、培训机构担任历史教师、教育顾问等。

2.研究机构：在历史研究所、学术机构从事历史研究和学术交流工作。

3.文化遗产保护：在博物馆、文物保护单位担任文物修复、展览策划、教育推广等职位。

4.图书馆、档案馆：在图书馆、档案馆从事文献整理、资料检索、古籍研究等工作。

5.新闻媒体：在报纸、杂志、网络媒体等领域担任历史专题撰稿人、评论员等。

注意事项：

1.如果想当历史教师，选师范类历史学专业更好就业。

2.爱好历史和专业学习历史不是一个概念，差别较大。

3.历史学研究需要长时间积累，毕业生就业面较窄。

060103 考古学

兵马俑、三星堆等古代的灿烂文化能重见天日，都归功于考古学。

是什么？

考古学专业是一门研究古代人类社会和文化遗产的学科。学生将学习考古学基本理论、方法和实践，了解古代文明的起源、发展和演变。

学什么？

考古学主要学习内容：

1.考古学基本理论：了解考古学的研究对象、方法和技巧，掌握考古学的基本原理。

2.文物考古技术：学习文物考古的实际操作技巧，如发掘、测量、分析等。

3.古代文明研究：学习研究世界各地古代文明的起源、发展和演变，如中国古代文明、古埃及文明等。

第五天

4.历史文化遗产保护:学习文化遗产的保护、修复和管理方法,了解文物保护的法律法规。

5.古人类学:了解古人类学的基本理论,学习分析人类起源和进化的方法。

6.古生物学和古地理学:学习古生物学和古地理学的基本知识,了解古代地理环境、生态系统和生物多样性。

常见就业方向:

1.在文物保护单位、博物馆、考古研究所等机构担任文物修复、遗址发掘、展览策划等职位。

2.在高校、科研机构从事考古学研究和教育工作,进行学术交流和成果分享。

3.在文化旅游景区担任导游、文化传播、策划推广等工作,宣传古代文明和文化遗产。

4.在文物管理部门、文化局等政府机构从事文物保护、管理和政策制定工作。

5.在报社、杂志社、电视台等媒体担任考古专题撰稿人、评论员等,或在出版社从事相关书籍的编辑和出版工作。

注意事项:

1.拿着小锤和刷子蹲在土坑里清理文物,确实是考古学,但只是一部分。

2.考古学考公可以进文物保护所、文物局等部门,考事业编可以进博物馆等单位,考硕深造毕业后可以进考古研究所。

3.野外挖掘很辛苦,需要大部分时间待在挖掘现场,个人娱乐和情感生活的时间较少。

4.成为一位考古学者、取得大的成就要看能不能取得较大的挖掘成果。

5.考古学招生人数相对较少,比较好就业,但就业方向比较窄。

6.文物鉴赏是比较新的就业方向,需要较强的专业知识和经验积累。

0701 数学类

070101 数学与应用数学　070102 信息与计算科学

"人被逼急了什么都做得出,除了数学题。"对一部分人来说,数学是学生时代跨不过去的坎;但对另一部分人来说,数学的魅力让他们乐在其中。

是什么?

数学与应用数学专业、信息与计算科学专业都是研究数学理论和方法在实际问题中应用的学科。数学与应用数学专业注重数学理论的研究和运用;信息与计算科学专业则关注计算方法和信息技术的发展及其在数学中的应用。数学与应用数学专业研究的是相对纯粹的数学理论;信息与计算科学专业有的大学偏理论,有的大学偏实践,有的大学比较均衡,报考的时候要了解大学的具体情况再做选择。

学什么?

数学与应用数学专业主要学习内容:

1.数学基础知识:包括高等数学、线性代数、概率论与数理统计等课程。

2.数学分析:包括实分析、复分析等课程。

3.偏微分方程的基本理论、方法和应用。

4.数学建模。

信息与计算科学专业主要学习内容:

1.计算机基础知识:包括计算机组成原理、操作系统、数据结构等计算机科学课程。

2.编程语言:包括学习 C++、Java、Python 等编程语言,掌握编程技巧和算法。

3.数值分析的基本理论和方法,掌握数值计算的技巧。

第五天

常见就业方向：

1. 在银行、证券、保险等金融机构担任风险管理、量化分析、数据挖掘等职位。

2. 在高校、研究院所从事数学研究、教育和学术交流工作。

3. 在软件公司、互联网企业担任软件开发、系统设计、算法工程师等职位。

4. 在大数据公司、互联网企业担任数据分析师、数据挖掘工程师、机器学习工程师等职位。

注意事项：

优点：数学与应用数学专业毕业生往往具有很强的数学思维和分析能力，对解决工作生活中的问题会有帮助；信息与计算科学专业毕业生，如果数学和编程学得都好，就业基本不用愁。这两个专业和金融结合，都会有不错的前景。数学能拔高金融的上限，金融业的天花板岗位精算师，很多都是出自数学专业。

缺点：数学与应用数学专业偏重理论知识；信息与计算科学专业并不是真正的计算机类专业，在从事计算机类工作时竞争力不如计算机专业的毕业生。

0702 物理学类

070201 物理学　070202 应用物理学

除了生理，都是物理。物理学的研究范围，大到天体宇宙，小到原子结构。物理学的难度用一句话形容：一切能用通俗易懂的方式解释的物理学概念，都不是真正的物理学概念。

是什么？

物理学是研究物质最一般的运动规律和物质基本结构的学科。物理学专业侧重于基础物理理论的研究，应用物理学专业则关注物理学在实际问题中的应用。比如牛顿的万有引力定律，物理学专业侧重于研究公式是什么、各物理量的关系和互相推导等；应用物理学侧重于怎么应用万有引力定律解决宇宙航行等问题。

学什么？

物理学专业主要学习内容：

1.物理学基础知识：学习力学、电磁学、光学、热学等课程。

2.现代物理学：学习量子力学、相对论、粒子物理等课程。

3.实验物理方法和技巧。

4.数学在物理学中的应用：学习线性代数、数学物理方法等课程。

应用物理学除了学习物理学基础知识，还要学习工程物理的基本理论和方法、材料科学的基本理论和技术、电子和信息技术的基本原理和方法等。

常见就业方向：

1.在高校、研究院所从事物理学研究、教育和学术交流工作。

2.在光电子、半导体、材料科学等高新技术产业担任研发生产、管理等职位。

3.在中小学、培训机构担任物理教师、教育顾问等。

4.在科技管理部门、质量监督部门等政府机构从事科技管理和政策制定工作。

注意事项：

1.这两个专业想学到更专业的知识需要考研深造。

2.应用物理学往往研究的是一个确定领域，比如激光物理、半导体物理等，报考时需要确定是不是自己喜欢的方向。

3.物理学专业毕业生基本是当老师或者去研究所，就业面较窄。学校越好，就业相对较好；学历足够高，才有机会进研究所。

4.应用物理学就业相对来说更有竞争力。

0703 化学类

070301 化学　070302 应用化学

人类从学会使用火开始,就已经和化学产生了联系。化学,为天地万物标上了注释。

是什么?

化学专业和应用化学专业都是研究物质的组成、性质、结构及变化规律的学科。化学专业侧重于研究基础化学理论,应用化学专业侧重于应用化学理论制造出相应的产品。生活离不开化学和化工产品,日常生活中用到的电池、化妆品、化纤服装、洗护用品等都是化工产品。

学什么?

化学专业主要学习内容:

1.化学基础知识:学习无机化学、有机化学、物理化学等课程。

2.现代化学理论:学习量子化学、分子光谱学等课程。

3.实验化学方法和技巧:分析化学的基本理论和方法。

应用化学专业除了学习化学基础知识,还要学习工程化学的基本理论和方法、材料科学的基本理论和技术、环境科学与技术的基本原理和方法等。

常见就业方向:

1.在石油、化肥、涂料、化纤等化工企业担任研发、生产、管理等职位。

2.在制药公司从事药物研发、生产、质量控制等工作。

3.在新材料领域从事研究与开发,如纳米材料、功能材料等。

4.在环保企业、政府部门从事环境监测、污染治理等工作。

5.在高校、研究院所从事化学研究、教育和学术交流工作。

第五天

注意事项：

1.化学专业偏重于理论，本科阶段只学个皮毛，需要考研深造。

2.开设化学专业的大学很多，想从事化学研究最好选择有国家重点实验室或者化工专业实力强的大学。

3.应用化学涉及的范围很广，一般大学都会有特定研究方向，比如电化学方向（研究电池）、材料方向、新能源方向等。只要学有所成，就业情况比较理想。

适合什么人？

喜欢做实验、动手能力强的人。化学是立足于实验的学科，没有实验，就没有化学。应用化学在大学期间的实验课很多，对喜欢做实验的人来说简直是如鱼得水。

0705 地理科学类

070501 地理科学

我们的地球母亲,温和时风调雨顺,气候宜人;狂暴时高温寒潮,台风暴雪。从古至今,兴修水利、整治江河、恢复生态、治理沙漠等,都是人类依托地理学知识,寻求与大自然共生共赢的具体表现。

是什么?

地理科学专业是研究地球表层自然和人文环境的学科,涉及地貌、气候、生物、人文等多个领域。地上100米往上,归大气科学研究;地下30米往下,归地质学研究;中间部分,归地理科学研究。我们看到的山川河流、高原丘陵都有什么特点,不同地形地貌对人类的生活方式有什么影响,都属于地理科学的范畴。地理科学专业毕业生在城市规划、资源环境、遥感测绘等领域具有良好的就业前景。

学什么?

地理科学专业主要学习内容:

1.地理学基础知识:学习地貌学、气候学、生物地理学等课程。

2.地图学与地理信息系统(GIS):学习地图学基本理论、地理信息系统原理及应用技巧。

3.自然资源与环境保护:学习自然资源分类、分布、开发利用以及环境保护知识。

4.人文地理学:学习人类活动对地理环境的影响,地理环境与人类社会、经济的相互关系。

常见就业方向:

1.在城市规划局、设计院等单位从事城市规划、土地利用规划、景观设计等

第五天

工作。

2.在自然资源管理部门、环保部门等从事资源调查、环境监测、污染治理等工作。

3.在遥感测绘、地理信息系统开发等单位从事地理数据采集、处理、分析及应用工作。

4.在高校、中小学、研究院所等从事地理科学研究、教育和学术交流工作。

5.在旅行社、景区等单位从事旅游规划、旅游资源开发与利用等工作。

注意事项：

1.地理科学专业可以增长见识、开阔眼界，野外考察活动非常有趣。

2.大学学习的课程较为基础，想从事科研事业需要考研深造。

3.比较适合当地理老师。

070504 地理信息科学

打开地图软件，你能确定自己的位置，导航软件自动为你规划一条合适的路线；看天气预报时，电视屏幕上显示各地的降雨量、温度、风力等级。这些生活中看不见的路线和数据是如何变成直观图像的，这就是地理信息科学的功劳。

是什么？

地理信息科学专业是一门研究地理信息获取、处理、分析与应用的交叉学科，涉及地理学、计算机科学、测绘工程等多个领域。地理信息科学专业的毕业生在城市规划、资源环境、遥感测绘等领域具有良好的就业前景。

学什么？

地理信息科学专业主要学习内容：

1.地理学基础知识：学习地貌学、气候学、生物地理学等课程。

2.地图学与地理信息系统：学习地图学基本理论、GIS原理及应用。

3.遥感技术：学习遥感技术的原理、方法和技巧，掌握遥感图像处理方法。

4.测绘工程:学习测量学、摄影测量与测绘仪器等课程。

5.计算机科学:学习计算机编程、数据库管理、网络技术等相关课程。

常见就业方向:

1.在城市规划局、设计院等从事城市规划、土地利用规划、景观设计等工作。

2.在自然资源管理部门、环保部门等从事资源调查、环境监测、污染治理等工作。

3.在遥感测绘、地理信息系统开发等相关单位从事地理数据采集、处理、分析及应用工作。

4.在高校、研究院所等从事地理信息科学研究、教育和学术交流工作。

5.在交通管理部门、物流企业等应用地理信息科学进行交通规划、物流优化等工作。

注意事项:

1.地理信息系统专业本科阶段以学习基础知识为主,真正接触地理信息系统基本是硕士及以上。如果取得硕士学位,就业前景很好。

2.测绘遥感方向的工作比较适合男生,女生更多是在办公室做数据处理方面工作。

3.一般来说,GIS公司大多扎根在一线城市,因此选择院校的时候尽量填报"北上广"的院校。

第五天

0706 大气科学类

070601 大气科学 070602 应用气象学

天有不测风云,古代农业生产基本是靠天吃饭。如今,借助大气科学,预测今年是大旱还是水涝,水库是蓄水还是开闸灌溉,都能未雨绸缪。

是什么?

大气科学专业主要研究大气的物理、化学和动力过程;应用气象学专业则关注气象知识在天气预报、气候变化、环境监测等领域的应用。温度、湿度、降雨量、风力等这些参数是大气科学的研究范畴;根据这些数据,提醒你下雨带伞、晴天洗车、天冷加衣、高温避暑等应对方法是应用气象学的研究范畴。

学什么?

大气科学主要学习内容:

1.大气科学基础知识:学习大气物理、大气化学、气象学等课程。

2.气候学:学习气候系统的组成、气候变化原因及影响等内容。

3.大气动力学:学习大气运动的基本规律和动力过程。

4.气象观测与预报:学习气象观测技术、天气分析及预报方法等内容。

应用气象学除需要学习大气科学基础知识以外,还需要学习的内容:

1.气象服务的基本理论和方法:了解气象知识在实际问题中的应用。

2.大气污染物的传输、变化与影响:掌握环境气象监测技术。

3.气候资源的评价、开发利用以及气候变化对人类社会、经济的影响。

常见就业方向:

1.在气象局、预报中心等单位从事天气预报、气候分析、气象服务等工作。

2.在环保部门、企业从事大气污染监测、污染物排放控制、环境评估等工作。

3.在航空公司、航天部门从事航空气象服务、航天气象保障等工作。

4.在高校、研究院所等从事大气科学和应用气象学的研究、教育和学术交流工作。

注意事项:

优点:对口单位除了前面介绍的,还可以去空军机场的气象台,就业率较高。除了少数探测工作要到野外测量数据,大部分工作都在室内完成。

缺点:就业面窄,除了对口单位,其他行业对口岗位较少。大气科学需要较高的数理计算能力,对数学、物理素养要求较高。

0707 海洋科学类

070701 海洋科学

大海无边,海洋约占地球表面积的71%。海洋中蕴藏着难以估量的财富,如何开发并利用这些宝贵财富,是海洋科学研究的内容。

是什么?

海洋科学专业是研究海洋物理、化学、生物、地质等多学科交叉领域的综合性学科。海洋科学专业研究范围极其广泛,包括洋流湍流、板块运动、渔业资源、海洋生态等,可以说,只要是和海洋相关的,都是海洋科学的研究范畴。

学什么?

海洋科学专业主要学习内容:

1.海洋科学基础知识:学习物理海洋学、化学海洋学、生物海洋学、海洋地质等基本课程。

2.海洋环境科学:学习海洋环境系统、海洋污染物的流动变化及其对生物的影响等。

3.海洋资源与开发:学习海洋资源的分类、分布、开发利用方法及其对环境的影响。

4.海洋观测与遥感技术:学习海洋观测方法、海洋遥感技术以及海洋数据分析与处理等。

常见就业方向:

1.在环保部门、海洋管理局等单位从事海洋环境监测、污染治理、生态修复等工作。

2.在海洋石油、海水淡化、海洋生物制药等企业从事海洋资源的勘探、开发与利用工作。

3.在高校、研究院所等从事海洋科学研究、教育和学术交流工作。

4.在遥感测绘、海洋监测等单位从事海洋遥感数据采集、处理、分析及应用工作。

注意事项：

优点：只要是跟海洋相关的企事业单位，大多都会招收海洋科学专业的人才，就业难度相对较小，前景不错。

缺点：对数学、物理的要求较高；本科学习深度不够，需要考研深造。

适合什么人？

1.吃苦耐劳。出海作业时比较辛苦，女生慎重考虑。

2.有考研计划。海洋科学本科生比较难就业，需要继续深造提升竞争力。

0709 地质学类

070901 地质学　081401 地质工程

地势坤,君子以厚德载物。脚下的大地,与人类生活密切相关。矿物资源、化石能源、地下水资源、板块构造和地壳运动的原理,都是地质学的研究范畴;勘探矿脉地下水、预防地震等技术,是地质工程的研究范畴。

是什么?

地质学专业属理学专业,是一个基础性专业,主要研究地质理论方面内容;地质工程专业属于工学类专业,是一门应用性专业,主要研究地质学理论在实践生产、工程建设中的应用。比如对地震来说,地质学关注地震的成因、地震波的传播、地震活动与地壳运动的关系等方面的知识;地质工程关注地震对建筑物和基础设施的影响,如何进行抗震设计和地震灾害防范。

学什么?

地质学和地质工程都要学习地质学的基础知识,如构造地质学、沉积学、矿物学、岩石学等基本课程。专业课方面,地质学专业主要学习内容:

1.地球动力学:学习地球内部结构、板块构造、地震活动等内容。

2.矿产资源与勘查:学习地质资源的分类、分布、勘查方法及其对环境的影响。

3.地质灾害与防治:学习地质灾害成因、发生机制,以及防治技术和方法。

地质工程专业主要学习内容:

1.工程地质学:学习工程地质勘查、地质灾害评估、岩土力学等内容,了解地质因素对工程建设的影响。

2.地质工程技术:学习地质钻探、地下水勘查、地质环境治理等技术。

3.地质工程实践:通过实习、实践课程,了解地质工程实际操作和现场工作流程。

常见就业方向：

1.在地质勘查单位、矿产公司等从事矿产资源勘查、评估、开发工作。

2.在建筑公司、设计院等单位从事工程地质勘查、地质灾害评估、地质环境治理等工作。

3.在石油、天然气公司从事油气资源的勘探、开发、生产等工作。

4.在水利部门、水资源管理局等从事地下水勘查、水资源评估、水文地质研究等工作。

5.在高校、研究院所等从事地质学、地质工程相关领域的研究、教育和学术交流工作。

注意事项：

1.两个专业都要去野外进行勘查、研究，工作比较辛苦。

2.就业率和待遇相对其他专业较好，行业前景受国家投入程度影响。

3.两个专业的男生会相对好找工作，女生找工作相对困难。

第五天

0710 生物科学类

071001 生物科学　071002 生物技术

有人说,21世纪是生物科技的世纪。有人说,数学是火,点燃物理的灯;物理是灯,照亮化学的路;化学是路,通往生物的"坑"。真实情况是,只有对盲目选择生物专业的人来说,生物才是"坑"。

是什么?

生物科学、生物技术、生物工程是三个特别容易混淆的学科。生物科学和生物技术是理科,生物工程是工科。简单地说,生物科学主要研究的是生物学理论,研究对象是整个自然界所有生物,研究它们的发生、生长发育、发展及灭绝;生物技术主要研究的是如何把理论转化成实用的技术,利用生物科学揭示的规律、机制和途径,创造利用生物、改造生物的手段和技术;生物工程主要研究的是如何利用技术生产出具体的产品满足人们的需求。

学什么?

生物科学和生物技术专业都要学习生物学基础知识,如细胞生物学、生物化学、遗传学、分子生物学等基本课程。专业课方面,生物科学专业主要学习内容:

1. 生物多样性与进化:学习生物分类学、动植物学、微生物学、生物进化论等课程。

2. 生物学实验技术:学习生物制剂、生物技术、生物信息学等实验技术。

3. 生态学与环境保护:学习生态学基本理论、生态系统、生态保护与修复等内容。

生物技术专业主要学习内容:

1. 生物技术原理与方法:学习基因工程、蛋白质工程、细胞工程等生物技术的原理和方法。

2.生物技术应用：学习生物制药、基因诊断、转基因技术、生物能源等生物技术的应用。

3.生物技术实践：通过实习、实践课程，了解生物技术实际操作和工作流程。

常见就业方向：

1.在生物制药公司、生物技术企业等从事研发、生产、质量控制等工作。

2.在环保、生态保护单位等从事生物监测、生态修复、污染治理等工作。

3.在食品企业、农业科研院所等从事转基因技术、农业生物技术研究、植物育种等工作。

4.在医学研究院、实验室等从事基因诊断、基因治疗、疫苗研发等工作。

5.在高校、研究院所从事生物科学、生物技术研究、教育和学术交流工作。

注意事项：

1.近几年我国生命科学领域研究成果很多，生命科学目前需要解决的问题也很多。本科毕业后最好继续深造。

2.生物科学和生物技术专业对数学要求不高，因此对数学水平不高的同学来说比较友好。

适合什么人？

1.有足够的心理抗压能力。

2.喜欢做实验。生物学是建立在实验上的学科，研究成果依赖于大量实验，因此适合喜欢做实验的人。

第五天

0711 心理学类

71101 心理学　71102 应用心理学

心理学不是玄学，不是催眠，不是解梦，也不是算命，是一门严谨的科学。

是什么？

心理学是系统研究心理过程和行为的科学；应用心理学是指在生活实践中探讨心理发生、发展的规律。

和大部分人的第一印象不同，心理学和应用心理学主要是做心理疏导，而不是治疗心理和精神上的疾病。比如"我"失恋了，心里难受，想不开。这时候能劝"我"走出阴影的，大概只有心理学和应用心理学的专业人士。如果"我"已经严重到无法正常睡眠，这时候单纯地开导作用有限，可能需要心理医生和精神科医生介入治疗。

学什么？

这两个专业都会学心理学基础知识，如认知心理学、生理心理学、发展心理学、社会心理学等基本课程。专业课方面，心理学专业主要学习内容：

1.心理测量与评估：学习心理测量理论、心理测试、心理评估等。

2.心理研究方法：学习实验心理学、心理统计学、心理研究设计等。

3.心理学分支领域：学习临床心理学、咨询心理学、教育心理学、工业与组织心理学等。

应用心理学专业主要学习内容：

1.心理咨询与治疗技术：学习心理咨询方法、心理治疗技术、心理干预等。

2.应用心理学领域：学习教育心理学、工业与组织心理学、临床心理学、市场心理学等。

3.应用心理学实践：通过实习、实践课程，了解心理咨询、心理治疗等实际操作和工作流程。

常见就业方向：

1.在心理咨询机构、医院、康复中心等从事心理咨询、心理治疗、心理辅导等工作。

2.在学校、教育机构等从事心理学教育、学生心理辅导、心理培训等工作。

3.在企业、政府机关等从事人力资源管理、组织发展、员工培训等工作。

4.在市场调研公司、广告公司等从事消费者心理分析、广告策划等工作。

5.在高校、研究院所等从事心理学、应用心理学研究、教育和学术交流工作。

注意事项：

1.当老师，本科毕业后有机会去中小学当心理健康课老师；硕士毕业后有机会去中小学或高等院校做心理健康教育；博士毕业后有机会去更好的学校教授心理学相关课程。

2.考公务员，一般去公安局、劳教所、监狱等进行心理疏导工作。

3.可以去企业从事人力资源管理工作，相对来说，心理学专业毕业生没有人力资源专业毕业生有竞争力。

4.心理学和应用心理学是理科，主要从事心理咨询师职业，为正常人开导心理问题；心理治疗师，俗称心理医生，医学相关专业毕业生具有任职资格，主要是治疗心理障碍患者；精神科医生治疗精神类疾病。

5.学习心理学对自我调节、为人处世等有较高的实用价值。

0712 统计学类

071201 统计学　071202 应用统计学

为什么开放"二胎"之后,又开放了"三胎"政策?凭什么说我国人口出现负增长?这都是数据给出的答案,这些数据的来源,便是统计学。

是什么?

统计学和应用统计学专业分别关注统计学基本理论和统计学实际应用研究,目标是培养掌握统计学基本理论、实际应用能力和统计分析技能的专业人才。网络购物节的时候,你会不会"凑满减"、算优惠券?会不会货比三家、比对价格?这种将数据搜集起来,经过运算和分析的过程,就是一次基础的统计学应用。

学什么?

统计学和应用统计学都要学习统计学基础知识,如概率论、数理统计、抽样调查等基本课程。专业课方面,统计学专业主要学习内容:

1.统计建模与分析:学习线性模型、时间序列分析、非参数统计等技术。

2.统计软件与编程:学习 R、SAS、Python 等统计软件和编程语言。

3.统计学分支领域:学习生物统计学、质量控制、风险管理等。

应用统计学专业主要学习内容:

1.数据挖掘与分析:学习数据挖掘方法、大数据分析、预测建模等技术。

2.应用统计学领域:学习经济统计学、社会统计学、心理统计学等。

3.应用统计学实践:通过实习、实践课程,了解统计分析、数据挖掘等实际操作和现场工作流程。

常见就业方向:

1.在企业、政府机关、研究机构等从事数据分析、数据挖掘、预测建模等工作。

2.在银行、证券公司、保险公司等从事风险管理、投资评估、市场调查等工作。

3.在市场调研公司、广告公司等从事消费者行为分析、广告效果评估、市场研究等工作。

4.在学校、教育机构等从事统计学、应用统计学的教育、培训和学术交流工作。

5.在高校、研究院所、政策研究机构等从事统计学、应用统计学相关领域的研究、政策分析和建议工作。

注意事项：

1.这两个专业对于本科毕业生来说,就业面比较窄。因为理论没学太深,实践能力也不足。

2.数学是统计学的基础,统计学类专业都要学高等数学和线性代数。

3.想进金融机构,选经济统计学专业相对更好。

4.统计学的知识和技能可以用来分析如订单、价格、浏览量等数据。对于任何工作和岗位,只要涉及搜集数据,统计学都能提供一定帮助。

第五天

0801 力学类

080101 理论与应用力学 080102 工程力学

山里挖隧道为什么不塌？几十层的高楼为什么不倒？数百吨的巨舰为什么不沉？这背后都是力学在支撑。

是什么？

理论与应用力学专业介于力学的理论研究和实际应用之间，是理论与应用之间的桥梁；工程力学研究的是工程建设中用到的力学。以土木工程为例，理论与应用力学专业中，学生会学习土木工程中的力学基本理论和技术，如土体力学、结构力学、地基工程等；工程力学专业中，学生会关注力学在土木工程实际应用中的技术和方法，如桥梁设计、隧道建设、抗震设计等。

学什么？

这两个专业都需要学习力学基础知识，如力学基本概念、力学原理、力学性能等基本课程。专业课方面，理论与应用力学专业主要学习内容：

1.力学建模与分析：学习连续介质力学、固体力学、流体力学等知识。

2.计算力学与仿真：学习有限元分析、计算流体力学、数值模拟等知识。

3.力学分支领域：学习生物力学、地球力学、空气动力学等知识。

工程力学专业主要学习内容：

1.结构力学与设计：学习结构力学、结构设计、结构优化等知识。

2.工程力学应用领域：学习土木工程、机械工程、航空航天工程等应用领域知识。

3.工程力学实践：通过实习、实践课程，了解工程力学在实际工程项目中的应用。

常见就业方向：

1.在建筑公司、设计院、咨询公司等从事结构设计、工程分析、项目管理等工作。

2.在能源企业、环保机构等从事能源开发、环境治理、设备维护等工作。

3.在高校、研究院所等从事力学、工程力学相关领域的研究、教育和学术交流工作。

4.在机械制造、汽车制造、航空航天等行业从事设备研发、设计、生产和维护等工作。

5.在政府部门、行业协会等从事政策制定、监管、技术咨询等工作。

注意事项：

1.两个专业都是理论与实践并重,研究过程中需要借助计算机软件进行建模、模拟、分析,加上力学问题需要大量计算,对数学和计算机能力要求较高。

2.理论与应用力学专业对口单位招聘少,本科毕业需要继续深造。

3.工程力学几乎和所有工科专业交叉,就业范围相对较广。

4.工程力学在和土木工程、道路桥梁专业的毕业生竞争时,竞争力稍弱,但主要还是看能力。

第五天

0802 机械类

080201 机械工程　080202 机械设计制造及自动化
080203 材料成型及控制工程

机械工程是历史最悠久的工程专业之一,是工业化、信息化和智能化的基础,应用遍布各个行业。机械工程被誉为"工科之母",可不是进工厂修机器这么简单。

是什么?

机械工程专业是研究机械设备设计、制造、维修和运行的工程技术学科;机械设计制造及自动化专业强调机械设计、制造和自动化技术的结合;材料成型及控制工程专业主要关注材料的成型工艺和工艺控制,学生将学习不同类型的材料(如金属、塑料、陶瓷等)的性能和应用,以及各种成型工艺(如锻造、压铸、注塑等)。机械工程是"老大哥",总领全局提供理论指导,其他两个专业分别研究对应的领域,互相借鉴,交叉应用。

如对一辆车来说,外壳、发动机、传动系统、刹车系统内部的构造和原理是机械工程专业研究的范畴;各部分的设计和制造过程,包括自动化生产线的搭建是机械设计制造及自动化专业的研究范畴;零部件用什么材料制造,是材料成型及控制工程专业的研究范畴。

学什么?

机械工程专业主要学习内容:

1.机械基础知识:学习机械原理、机械设计、制图等课程。

2.机械制造技术:学习机械加工、焊接、装配等制造技术。

3.机械自动化技术:学习自动控制原理、传感技术、机器人技术等。

4.机械工程分支领域:学习热能与动力、汽车工程、机械电子等分支领域知识。

机械设计制造及自动化专业主要学习内容：

1.机械设计方法：学习机械设计原理、计算机辅助设计（CAD）、产品设计等。

2.制造技术与自动化：学习数控技术、生产线自动化、工业机器人等技术。

3.机械系统集成：学习机电一体化、系统优化、智能制造等技术。

4.创新设计与实践：参与创新设计竞赛、实际项目，培养实践能力。

材料成型及控制工程专业主要学习内容：

1.材料科学基础：学习金属、塑料、陶瓷等材料的性能和应用。

2.成型工艺与设备：学习锻造、压力铸造、注塑、激光成型等成型工艺。

3.控制技术与自动化：学习过程控制、自动化设备、数控系统等技术。

4.材料检测与评估：学习材料检测方法、性能评估、破坏分析等技术。

常见就业方向：

1.在机械制造、汽车制造、航空航天等行业从事设备研发、设计、生产和维护等工作。

2.在自动化设备制造、工业自动化解决方案提供等领域从事控制系统设计、自动化设备研发、生产线改造等工作。

3.在金属、塑料、陶瓷等材料制造企业或研究院所从事材料研发、生产、检测和评估等工作。

4.在高校、研究院所等从事机械工程、机械设计制造及自动化、材料成型及控制工程相关领域的教育、研究和学术交流工作。

5.在机械制造企业、自动化设备提供商等从事技术支持、产品销售、售后服务等工作。

三个专业的就业方向非常广泛，但凡需要用到机械、工具的地方，都需要机械工程。

现代机械工程主要有五大服务领域：设计制造能量转换机械，比如风力发电机、火力发电机；设计制造产业机械，比如盖房子用的塔吊、体检用的CT机；设计制造服务机械，比如矿山机、收割机；设计制造家庭和个人生活中应用的机械，比如洗衣机、冰箱；设计制造各种机械武器，比如飞机、火炮。

第五天

注意事项：

1.三个专业都比较好就业。这些专业普遍男生多。

2.机械设计制造及自动化分为设计、制造、自动化三个方向。设计方向需要用电脑出设计图,制造方向一般是下车间布置任务或者做车间管理,自动化方向主要做自动控制工作。

3.制造业越发达的地方,越适合这三个专业的毕业生就业,因此填报志愿时要考虑大学所在城市的产业布局。

4.机械类专业职业发展和薪资水平跟工作能力和经验密切相关,一般是35岁之后开始发力。

适合什么人?

1.数理化学得好的学生。机械工程和自动化对数学和物理要求较高,材料成型需要研究材料的性质,这就需要化学知识。数理化较薄弱的人,学机械工程会比较吃力。

2.计算机基础好的学生。设计零件或者工业产品,都需要电脑作图和建模。数控机床这种设备,需要较强的编程能力。

3.动手能力强的学生。有的人可能学习成绩一般,但是动手能力很强,看几遍就能学会器件组装、改造、操作,这就比较有利于将来的工作。

4.能耐得住寂寞的学生。前期工作比较累,工作环境比较枯燥,但是经验越丰富越吃香。

080207 车辆工程　080208 汽车服务工程

随着经济的发展,汽车已走进千家万户,新能源车满大街跑。买卖车的人越多,和车辆相关的专业就业面就越宽。

是什么?

车辆工程专业主要研究汽车、拖拉机、机车车辆、军用车辆等陆上移动机械的理论、设计及制造技术;汽车服务工程专业主要研究汽车技术,汽车运用,汽车服务,汽车诊断、检测与维修技术,汽车保险与理赔,汽车评估等知识。车辆工程专业注重汽车的设计、制造和性能评估,培养学生汽车研发和制造方面的能力;汽车服务工程专业关注汽车的维修、保养、故障诊断和售后服务,培养学生汽车维护和服务方面的能力。

学什么?

车辆工程专业主要学习内容:

1.汽车基础知识:学习汽车结构、工程力学、汽车电子技术等基础课程。

2.汽车设计与制造:学习汽车设计原理、计算机辅助设计(CAD)、制造工艺等课程。

3.汽车性能评估:学习汽车动力性、安全性、环保性等性能评估方法和技术。

4.新能源汽车技术:学习电动汽车、混合动力汽车等的原理和技术。

汽车服务工程专业主要学习内容:

1.汽车维修技术:学习汽车发动机、底盘、电子系统等部件的维修技术。

2.汽车保养知识:学习汽车日常保养、定期保养、深度保养等知识和技能。

3.故障诊断与排除:学习汽车故障诊断方法、故障代码解读、故障排除技巧等。

4.售后服务管理:学习汽车售后服务流程、客户关系管理、服务质量评估等课程。

常见就业方向:

车辆工程专业毕业生主要就业方向:

1.在汽车制造企业从事汽车设计、制造、研发、试验等工作。

2.在研究院所、高校等从事汽车相关领域的研究、开发和教学工作。

3.在汽车零部件制造企业从事零部件设计、生产、管理等工作。

4.在新能源汽车企业从事电动汽车、混合动力汽车等的设计、研发、生产等工作。

5.在汽车检测与认证机构从事汽车安全性能、环保性能等方面的检测与认证工作。

汽车服务工程专业毕业生主要就业方向：

1.在汽车维修企业从事汽车维修、保养、故障诊断等工作。

2.在4S店从事汽车销售、维修、保养、客户服务等工作。

3.在汽车检测站从事汽车安全性能、环保性能等方面的检测工作。

4.在汽车保险公司从事汽车保险理赔、评估等工作。

5.在汽车售后服务部门从事汽车服务流程、客户关系管理、服务质量评估等工作。

注意事项：

1.两个专业都要学好英语，有条件的可以学习日语、德语。

2.最好选择汽车相关产业发达城市的大学，就业相对更好。

0803 仪器类

080301 测控技术与仪器

疫情期间的红外测温枪、自动测温门等设备节约了人们大量时间,这些设备是怎么做到扫一扫就能测量体温的? 这就是测控技术的研究成果。

是什么?

测控技术与仪器专业是研究如何用各种高科技手段来测量、监控和控制各种现象和过程的学科。你可以把它想象成一个"超级眼镜",通过这个"眼镜",我们可以观察到世界的各种细节并精确地操控它们。比如工厂里的生产线,有了测控技术,就能实时监测设备的运行状况,确保生产顺利进行。

学什么?

测控技术与仪器专业主要学习内容:

1. 传感器技术:学习传感器的各种类型、工作原理、特性等,能根据不同应用的需要选择和设计合适的传感器。

2. 信号处理:学习信号的采集、处理、分析和传输技术,能进行相应的算法设计和软件开发。

3. 控制理论:学习各种控制算法、控制系统的设计和分析方法等,能设计高性能的控制系统。

4. 仪器设计:学习电路原理、PCB设计、嵌入式系统设计等知识,能设计和制造高性能的测控仪器。

5. 实验实践:参加各种实验、实践和项目设计,巩固所学的理论知识,掌握各种实际应用技能。

常见就业方向:

1. 在制造企业、自动化系统集成商、工程公司等单位从事工业自动化、机器

第五天

人控制、智能制造等工作。

2.在环保部门、气象局、水利局等单位从事环境监测、气象预报、水文测量等工作。

3.在医疗设备厂商、医院等单位从事医疗设备的研发、制造和维护等工作。

4.在高校、科研院所等从事科学研究、教育等工作。

5.在航空航天企业从事导航、制导、控制等方面工作。

注意事项：

1.该专业就业面广。普通毕业生薪资属于平均水平,学校越好、个人能力越强,薪资水平相对较高。

2.动手实操能力要求较高。学生需要亲自动手设计硬件电路、软件程序,完成组装焊接、测试等工作。

0804 材料类

080401 材料科学与工程

从随处可见的塑料袋,就能看出材料科学的不一般:薄的、厚的,能装食品的、不能装食品的,可降解的、不可降解的,这些都是由不同材料制作而成,具有不同的用途。

是什么?

材料科学与工程专业是一个综合专业,细分下去有材料物理、材料化学、冶金工程、金属材料工程、无机非金属材料工程、高分子材料与工程等相关专业,研究各自侧重领域的材料问题。材料科学与工程专业主要研究各种材料的制备、性能和应用,包括金属、非金属、复合材料等。可以说,一切看得见摸得着的东西,都和材料科学相关。

学什么?

材料科学与工程专业主要学习内容:

1.材料物理与化学:学习材料的组成、结构和性质,掌握材料的物理和化学性质,并了解各种材料制备的方法和过程。

2.材料表征:学习各种材料表征技术,如 X 射线衍射、扫描电镜等。

3.材料加工:学习各种材料加工技术,如铸造、锻造、挤压等。

4.材料设计:学习根据材料的性质和应用需求设计新型材料。

5.材料性能测试:学习各种材料性能测试技术,如力学性能测试、热力学性能测试等。

常见就业方向:

材料科学与工程专业毕业生主要在相关企业从事材料生产和开发、材料表征和性能评估、材料工艺研发、材料应用等工作,也可以在高校、研究院所等机构从事材料相关的教学和科研工作。

注意事项：

1.材料科学与工程专业就业面比较广,但收入普遍不是很高。

2.材料科学与工程属于中等偏上的专业,个人未来发展如何与学校、专业和个人能力密切相关。

3.材料物理和材料化学偏理论,考研深造是刚需;冶金工程、金属材料工程、无机非金属材料(陶瓷等)工程、高分子材料与工程(橡胶、塑料等)等专业就业面相对较广。

4.参考以往就业数据,男生比较占优势,女生慎重考虑。

0805 能源类

080501 能源与动力工程

什么是能源？有句话说：能烧开水的都是能源。不管是风能、核能、潮汐能、化石能（煤炭、石油等），不管是用来发电还是发热，都是能源。

是什么？

能源与动力工程专业主要是研究能源的利用、转换、储存、输送以及动力系统设计、优化、控制等。这个专业和我们的日常生活联系紧密：开车需要烧油或者烧电，做饭需要烧气，冰箱制冷需要用电；电动汽车的普及离不开高效的电池储能技术和电动机动力控制技术；风力发电需要设计和优化叶片、风力机组和电力传输系统等才能保证发电效率和可靠性。

学什么？

能源与动力工程专业主要学习内容：

1.能源基础知识：学习能源类型、能量转换与储存、能源分析方法等。

2.新能源技术：学习太阳能、风能、地热能、生物质能等可再生能源的开发和利用。

3.热能工程：学习燃烧理论及燃烧设备、燃气轮机、蒸汽轮机等传统能源设备相关知识。

4.能源系统设计：学习能源系统的规划、设计、运行和管理等方面知识。

5.动力机械设计：学习燃气轮机、蒸汽轮机、内燃机等动力设备的结构设计和性能优化。

6.动力系统控制：学习PID控制、优化控制、智能控制等动力系统控制的基础和应用。

7.传热传质学：学习传热传质基本理论、热传输模式、换热器的设计与分析等。

8.流体力学:学习流体的基本性质、流动方程、计算流体力学基础等。

常见就业方向:

该专业可以在石油、天然气、煤炭等传统能源公司,太阳能、风能、水能等新能源公司,汽车制造企业、动力设备制造企业,能源研究所、动力工程研究所等机构和单位从事以下岗位工作:

1.能源工程师:负责能源系统设计,能源设备选型,能源系统的运行、维护等工作。

2.动力机械工程师:负责动力机械的设计、制造、安装、调试等工作。

3.动力系统控制工程师:负责动力系统控制、优化、调试等工作。

4.传热传质工程师:负责换热器的设计与分析、热传输模式研究等工作。

5.流体力学工程师:负责流体的基本性质、流动方程、计算流体力学等方面的研究和应用。

6.能源市场分析师:负责能源市场的分析、预测、价格策略等方面的工作。

注意事项:

1.该专业主要有三个方向:热能方向、动力方向、制冷方向。热能方向可以去电力公司和电网相关企业;动力方向可以去需要涡轮机(船用的)的船舶制造企业、需要内燃机(车用的)的车辆制造企业;制冷方向可以去空调或压缩机制造企业。

2.要了解报考学校该专业是重理论还是重实践,侧重于哪个方向。

3.该专业女生在某些企业就业比较难一些。

0806 电气类

080601 电气工程及其自动化

电气不是电器。电器一般指用电器,如电视机、冰箱之类;电气主要指电力设备,如发电机、高压线、变压器等。

是什么?

电气工程及其自动化专业主要研究发电、电力输送、配电、用电整个过程中的所有内容,以及相关的电力电气设备制造、检测维护。只要用电,就离不开电气工程与自动化。电气工程及其自动化专业应用领域广泛,包括能源、交通、医疗、航空航天、军事等各个领域。

学什么?

电气工程及其自动化专业主要学习内容:

1.电路理论:包括电路分析方法、电路元件、交流电路和数字电路等。

2.电力电子:包括功率半导体器件、电力电子变换器、电力电子控制技术等方面的内容。

3.控制理论:包括控制系统基本理论、控制器设计、自适应控制等。

4.通信技术:包括模拟信号处理、数字信号处理、通信系统设计等。

常见就业方向:

该专业就业方向主要是在电力系统领域、制造业领域等从事电气工程师、自动化工程师等工作,负责制造、调试、维护电力设备等。

注意事项:

1.电气工程及其自动化专业就业好,只要用电,就需要该专业人才。

2.最好的选择是进入电力系统工作,如国家电网、供电局、发电厂、电力施

第五天

工单位等。电力是国家垄断行业,具有硕士学位或者电气专业非常强的本科院校毕业生有一定就业优势。

3.能源动力工程和电气工程侧重点不同,能源动力工程侧重于使用能源发电,电气工程侧重于发电机以及输电用电。

4.注意大学和电力系统之间的联系,有的学校虽然普通,但学校电气专业专门为国家电网输送人才。

0807 电子信息类

080701 电子信息工程　080705 光电信息科学与工程

为什么一个 U 盘插电脑上能读出文件？为什么一根光纤能让你浏览网络信息？为什么一部手机能让你听到、看到万里之外的声音和画面？这就是电子信息和光电信息的研究成果。

是什么？

电子信息工程是研究电子与信息技术在通信、计算机、控制等方面的应用，以及电子产品设计与制造的专业。光电信息科学与工程是研究光电子技术在通信、信息处理、传感等方面的应用，以及光电子设备的设计与制造的专业。

电子信息，就是用电子的方式保存和传递信息；光电信息，就是用光信号传递和保存信息。信息包括文字、声音、图像等。

学什么？

电子信息工程专业主要学习内容：

1.电路理论：学习电路分析、电路稳态与暂态响应、交直流电路等基本理论和方法。

2.数字电路：学习数字电路的基本概念、逻辑门电路的设计、存储器、计数器等数字电路的设计与应用。

3.模拟电路：学习模拟信号的基本概念、模拟电路的基本电路与原理、模拟信号处理等内容。

4.通信原理：学习通信系统的基本原理、信道编码、调制解调、信道等效性、传输介质与信道传输、数字通信等内容。

5.计算机组成原理：学习计算机硬件的组成和工作原理、计算机系统结构和层次、中央处理器和存储器、输入输出设备等内容。

6.嵌入式系统：学习单片机和微处理器的基本原理、嵌入式系统的设计与开发、系统调试与测试等内容。

7.VLSI（超大规模集成电路）设计：学习VLSI技术的基本概念、VLSI设计的流程、VLSI器件与CAD（计算机辅助设计）工具等内容。

8.信息系统集成：学习信息系统集成的基本原理、集成技术、应用系统的实现等内容。

9.通信工程：学习通信网络的结构与组成、通信协议、无线通信、数字通信、光通信等内容。

光电信息科学与工程专业主要学习内容：

1.光电子学：学习光电子学的基本概念、光电子器件的种类和工作原理、光电子器件的应用等内容。

2.激光原理：学习激光的基本概念、激光的产生和放大、激光器的工作原理、激光与物质相互作用等内容。

3.光学仪器：学习光学仪器的种类和工作原理、光学仪器的设计和制造、光学仪器的检测与测试等内容。

4.光电子材料：学习光电子材料的种类和特性、光电子材料的制备和处理技术、光电子材料的应用等内容。

5.光电子器件：学习光电子器件的种类和工作原理、光电子器件的制备和加工技术等。

常见就业方向：

电子信息工程专业主要在电子制造业、通信技术、计算机技术、自动化控制、信息技术等领域从事以下岗位工作：

1.电子工程师：负责电子产品的设计、制造、测试、维修等。

2.通信工程师：负责通信系统的设计、建设、运营等。

3.软件工程师：负责计算机软件的设计、开发、测试、维护等。

4.自动化工程师：负责自动化系统的设计、控制、调试等。

5.信息技术工程师：负责信息系统的集成、信息安全、数据挖掘等。

光电信息科学与工程专业主要在光电制造业、电子制造业、通信技术、传感器技术、光学仪器等领域从事以下岗位工作：

1.光电子工程师：负责光电子设备的设计、制造、测试、维护等。

2.通信工程师:负责光通信系统的设计、建设、运营等。

3.传感器工程师:负责光电传感器、生物传感器等传感器的研究、设计、开发、应用等。

4.光学仪器工程师:负责光学仪器的设计、制造、维修等。

5.光学工程师:负责光学产品的设计、制造、测试、维护等。

注意事项:

1.电子信息工程专业设计范围较广,细分领域有电子科学与技术、电子信息科学与技术、通信工程、微电子科学与工程等专业。人才需求量很大,就业范围很广。

2.电子信息工程、电子科学与技术、电子信息科学与技术这三个专业很容易混淆。简单地说,电子信息工程侧重于软件,电子科学与技术侧重于硬件,电子信息科学与技术侧重于微电子和光电子方向。

3.光电信息与工程专业大致可以分为激光、光电信息、光学图像等方向。光电信息方向就业前景和薪资水平都不错,激光和光学图像方向进一步深造会有不错的发展空间。

适合什么人?

1.无论性格外向还是内向,都适合选择电子信息工程专业,因为就业范围足够宽。性格外向的人适合从事市场销售等工作,性格内向的人适合从事研发工作。

2.信息类专业对数学和编程能力要求较高,继续深造会有较强的竞争力。

3.信息类专业适合学一样精一样的人,不太适合浅尝辄止的人。

080717T 人工智能

对着手机的语音助手和智能音箱说句话,它就能回答你,还能给你开导航、放音乐、查资料。一个电子产品能听懂人说话还知道怎么回答,这就是人工智能,即 AI。ChatGPT 出现之后,AI 成了最火爆的话题之一,人们开始使用 AI 画画、写文章、编程。虽然有一部分人担心人类未来会被 AI 控制,但不可否认的是,人工智能将会是未来很长一段时间内的热门行业。

是什么?

人工智能专业是研究如何构建能够模拟、扩展和辅助人类智能的理论、方法和技术的学科。人工智能涉及计算机科学、数学、心理学、语言学等多个学科,目标是使计算机具备类似人类的感知、理解、推理、学习和创造等能力,以解决现实生活中的各种问题。

学什么?

人工智能专业主要学习内容:

1.基础理论:需要掌握扎实的数学、统计学、概率论等基础知识,为后续专业课程的学习打基础。

2.计算机科学:涵盖计算机科学基础、数据结构与算法、操作系统、计算机网络等课程。

3.机器学习与深度学习:包括监督学习、无监督学习、强化学习等机器学习方法,以及卷积神经网络、循环神经网络等。

4.自然语言处理:涉及语言学、计算语言学等领域,学习如何让计算机理解和处理人类语言,实现机器翻译、情感分析等任务。

5.计算机视觉:研究如何让计算机模拟人类视觉系统,实现图像识别、目标检测、场景分析等功能。

常见就业方向:

1.在互联网公司、科技企业、研究机构等单位从事人工智能算法开发、数据挖掘与分析、系统优化等。

2.在智能硬件、智能家居、无人驾驶等领域从事产品设计、研发与创新等。

3.在金融、医疗、教育、媒体等行业从事人工智能技术的具体应用开发,如金融风控模型、医疗影像分析、智能客服等。

4.在高校、研究院所等机构从事科研、教育、学术交流等工作。

注意事项：

人工智能成为热门话题，并不能说明目前人工智能专业普通毕业生的就业前景好、待遇高，但可以肯定的是，人工智能领域发展空间广阔，选择人工智能专业要做好继续深造的准备。

第五天

0808 自动化类

080801 自动化

一键启动后,智能洗衣机能自己把衣服洗干净、甩干,洗碗机能把碗刷干净、储存。这种不需要人工操作就能自己一步步干完活的机器,就是自动化在生活中的体现。

是什么?

自动化专业是研究如何利用各种技术手段,使得机械设备、生产流程和管理系统能够在一定程度上实现自主运行,从而提高生产效率、减少人工干预和降低成本的学科。如自动售货机,只需在自动售货机上选择所需商品,支付相应货款,机器就会自动出货,整个过程无须人工干预。随着自动化技术的发展,我们的生活更加便捷高效。

学什么?

自动化专业主要学习内容:

1.基础科学知识:包括数学、物理和电子技术等,为后续专业课程的学习打基础。

2.控制理论与方法:涵盖控制系统分析与设计、现代控制理论、优化控制等课程。

3.自动化设备与系统:学习传感器与检测技术、执行器与驱动技术、工业控制器等内容。

4.计算机技术与软件工程:包括计算机科学基础、数据结构与算法、操作系统等课程。

5.通信与网络技术:涉及通信原理、计算机网络等课程,了解各种通信协议和网络架构。

常见就业方向：

1.在制造业、交通运输、能源、环保等行业从事自动化设备设计、系统集成、项目管理等工作。

2.在软件开发、数据分析、人工智能等领域从事相关工作。

3.在高校、研究院所等机构从事教育和科研工作。

注意事项：

优点：自动化专业是"万金油"，任何一个后缀带"及自动化"的专业，都是自动化专业的分支，就业面宽。

缺点：因为涉及面广，自动化专业的课程较其他工科专业多，学起来会比较吃力。

适合什么人？

本科毕业就想找工作，自动化专业比较适合你。当然，就业并不是终点，仍然需要在工作过程中不断学习、积累经验，才有更好的未来。

第五天

0809 计算机类

080901 计算机科学与技术

一台计算机,从显卡、硬盘、主板等硬件,到操作系统、各类应用程序等软件,再到互联网相关技术,都是计算机专业的研究方向。

是什么?

计算机科学与技术专业是研究计算机硬件、软件及其系统的设计、开发、应用和维护的学科。该专业涵盖了计算机系统结构、计算机网络、操作系统、数据库、人工智能等多个方向,目标是培养具备扎实的计算机科学理论基础和实际应用能力的专业人才。如用电脑上网看电影这个行为,背后就涉及互联网技术、计算机硬件技术、软件技术等。

学什么?

计算机科学与技术专业主要学习内容:

1.基础理论:掌握数学、统计学、概率论等基础知识,为后续专业课程的学习打基础。

2.计算机科学基础:包括计算机组成原理、数据结构与算法、操作系统、计算机网络等课程。

3.软件开发技术:学习面向对象程序设计、数据库系统、软件工程等课程。

4.网络与通信技术:研究计算机网络、移动通信等技术,探讨网络协议、网络架构、网络安全等问题。

5.人工智能与大数据:涉及机器学习、深度学习、自然语言处理、数据挖掘等领域。

就业方向:

1.在软件公司、互联网企业等从事软件设计、开发、测试、运维等工作。

2.在电信运营商、网络设备制造商等从事网络规划、网络安全、通信技术研发等工作。

3.在科技公司、金融机构、医疗机构等从事人工智能算法开发、数据分析等工作。

4.在数据中心、云服务提供商、信息安全公司等从事云计算平台搭建、运行维护及信息安全防护等工作。

5.在高校、研究院所等机构从事教育和科研工作。

注意事项：

1.计算机专业曾经是最热门的专业之一,和诸多理科和工科专业都有交叉,就业范围很广。

2.由于曾经是热门专业,几乎所有大学都开设计算机专业,所以想要找到好工作,就需要学得好。

3.如果对计算机专业不感兴趣,学起来会比较枯燥,选择之前谨慎考虑。

080902 软件工程

说软件工程你可能不懂,但说"程序员""IT""码农"你就懂了。

是什么？

软件工程专业是研究如何高效地设计、构建、测试、维护和管理软件系统的学科。该专业强调系统性、工程性和实践性,旨在培养具有扎实的计算机科学基础、良好的软件开发能力和创新精神的专业人才。如果用两个字形容软件工程专业,大概就是"编程"了。

学什么？

软件工程专业主要课程有微积分、C语言、C++语言、计算机组成原理、编译原理、网络工程等基础课程,以及软件工程导论、数据库、软件项目管理、JavaEE主流开源框架等专业课程。

常见就业方向：

1.在软件公司开发软件。

2.在软件测试公司测试软件。

3.在软件销售公司销售软件，或自己制作网页、开发网站等。

注意事项：

优点：市场需求量较大，"码农"薪资水平较高。

缺点：软件工程专业的学习压力比较大，整天面对的都是看不到头的代码，学习比较枯燥；软件工程岗位工作压力比较大，有时候程序没跑通，找一个bug（报错）需要从头检查成千上万行代码，有一句话叫"一壶茶一包烟，一个bug找一天"。

适合什么人？

1.抗压能力强的人。学习、工作压力都较大，能扛住压力才能坚持下去。

2.软件工程专业对数学和英语要求比较高，适合英语和数学成绩好的人。

3.对薪资期待较高的人，辛苦换来的是较高收入。

计算机类其他专业主要包括080903网络工程、080904K信息安全、080905物联网工程、080906数字媒体技术等。

0810 土木类

081001 土木工程

中国是基建大国,盖楼、修路、架桥等工程都是"土木老哥们"用汗水铸造的。

是什么?

土木工程专业是研究建筑物、基础设施和其他土木工程项目的设计、施工、维护和管理的学科,目标是培养具有扎实的土木工程理论基础、良好的实践能力和创新精神的专业人才。可以说,你现在看到的高铁、路桥、高楼大厦都是土木工程专业的杰作。

学什么?

土木工程专业主要学习内容:

1.基础理论:掌握数学、力学、材料科学等基础知识。

2.土木工程基础:包括结构力学、土力学、岩土工程、工程测量等课程。

3.施工技术与管理:学习建筑施工技术、工程造价、工程项目管理等内容。

4.设计原理与方法:涉及建筑设计原理、桥梁设计、道路设计等课程。

5.环境与可持续发展:学习环境工程、绿色建筑、节能减排等方面的知识。

常见就业方向:

1.在建筑设计院、建筑施工企业等单位从事建筑设计、施工、监理等工作。

2.在政府部门、城市规划与建设单位从事道路、桥梁、给排水等基础设施的规划、设计、建设和维护工作。

3.在交通运输部门、设计院、施工企业从事公路、铁路、地铁等交通工程的规划、设计、施工和管理工作。

4.在水利部门、设计院、施工企业等单位从事水库、水电站、河流整治等水

第五天

利工程的规划、设计、建设和管理工作。

5.在环保部门、绿色建筑公司等机构从事环境工程、绿色建筑、节能减排等的研究、设计和实施工作。

6.在高校、研究院所等机构从事教育、科研工作。

注意事项:

1.就业范围非常广泛。施工方向,去建工集团、城建集团等做工程;设计方向,去设计院做设计;预算方向,做工程造价等工作;其他施工单位,如房地产等相关工作。

2.只要是施工,基本涉及土木工程,如道路、桥梁、园林、暖通、水电等。

3.土木类专业有一个比较重要的分支——给排水工程,就业面和土木工程一样广。

0811 水利类

081101 水利水电工程

"旱时蓄水,涝时泄洪",这八个字大概能说明水利工程的作用。水利工程在历朝历代都是福泽万世的伟大工程,如我们熟知的古代的都江堰、现代的三峡大坝等。现代水利工程除了蓄水泄洪,水力发电是创造和使用清洁能源的重要方向,两者合在一起,就是水利水电工程。

是什么?

水利水电工程专业是研究水资源开发利用、水电站建设、水利工程管理等领域的学科,目标是培养具有扎实的水利水电工程基础知识、技术能力和创新精神的专业人才。水利水电工程和土木工程都是搞建筑的,不过土木工程的范围更广,水利水电工程更集中于大坝、水库、水电站等设施的建造。

学什么?

水利水电工程专业主要学习内容:

1.基础理论:学习数学、力学、材料科学等基础知识,为后续专业课程的学习打好基础。

2.水利工程基础:包括水文气象学、河流动力学、水资源规划与管理等课程。

3.水电工程技术:涉及水轮发电机组、水电站设计、水能资源开发利用等课程。

4.工程施工与管理:学习土木工程施工技术、工程造价、工程项目管理等。

5.环境与可持续发展:学习环境工程、水污染防治、生态修复等知识。

常见就业方向:

1.在设计院、水电企业等单位从事水电站的规划、设计、施工和管理工作。

2.在政府部门、水利规划与管理单位从事水资源的规划、开发、管理和保护工作。

3.在水利部门、设计院、施工企业等单位从事河流整治,防洪工程规划、设计、建设和管理工作。

4.在环保部门、水利单位、生态修复公司等机构从事水土保持、生态修复、水污染防治等领域的研究、设计和实施工作。

5.在农业水利部门、设计院、施工企业等单位从事农田水利工程的规划、设计、建设和管理工作。

6.在高校、研究院所等机构从事教育、科研工作。

注意事项:

1.就业方向相对较窄。大部分毕业生就业起点是施工单位,工作比较辛苦,但能快速积累工作经验。如果想直接进设计单位,一般需要硕士以上学位。

2.水利水电工程基本都是大工程,项目周期长,加之国家重视水利水电工程,行业前景较好。

3.水利水电工程的工地基本都在深山峡谷,人烟稀少,工作环境比较恶劣,女生慎重选择。

0812 测绘类

081201 测绘工程

中国地图的形状是一只雄鸡,但你有没有想过,地图的边界弯弯绕绕的,是根据什么画出来的?又是谁画的呢?城市地图的道路那么多,为什么地图上能画得清清楚楚?这都是测绘工程的功劳。

是什么?

测绘工程专业是研究地球空间信息获取、处理、分析、应用和管理的学科,目标是培养具有扎实的测绘理论基础、良好的实践能力和创新精神的专业人才,为社会提供准确、可靠的地球空间信息服务。简单地说,测绘工程的任务就是测量和画地图。

学什么?

测绘工程专业主要学习内容:

1.基础理论:学习数学、物理、地球科学等基础知识。

2.测绘基础:包括地形测绘、地籍测绘、工程测量等课程。

3.地理信息系统与遥感:学习遥感原理与技术、地理信息系统原理与应用等课程。

4.导航与定位技术:涉及全球导航卫星系统、惯性导航、地基导航等课程。

5.数字地球与空间数据处理:学习数字地球、空间数据模型与算法等课程。

常见就业方向:

1.在地理信息系统公司、遥感技术研究机构、测绘院等从事地理信息系统开发、遥感技术应用等工作。

2.在全球导航卫星系统企业、导航设备生产企业等从事导航技术研究、产品开发和系统运维工作。

3.在政府部门、城市规划与建设单位、土地管理部门等从事城市规划、土地调查、地籍管理等工作。

4.在交通部门、设计院、施工企业等从事道路、桥梁、隧道等基础设施工程的测量、设计和施工管理工作。

5.在石油、天然气、矿产等资源勘查企业从事资源勘查、开发和管理工作。

6.在高校、研究院所等机构从事教育、科研工作。

注意事项：

1.测绘工程专业一般录取分数偏低,但就业率偏高。

2.测绘工作环境比较艰苦,工作强度较大。

3.从事数据分析、电脑绘图等室内工作,需要继续深造。

4.该专业就业收入比较稳定,薪资水平较高。

0813 化工与制药类

081301 化学工程与工艺

我们都知道柴油、汽油都是由石油提炼而来,汽油又分93号、95号和98号等。这些不同类型和不同型号的油如何从石油中提炼出来,这是化学工程与工艺研究的方向之一。

是什么?

化学工程侧重于研究化工生产中获得一种产品的制备原理,需要用到仪器的设计原理、操作方法等;化学工艺侧重于根据不同情况,设计出经济、先进、合理的具体生产流程。如同样是制氧气,有电解水法、分离液态空气法等方法,什么时候采用电解水法,什么时候采用分离液态空气法,将何种原料经过什么仪器进行怎样处理,就是化学工艺的研究范畴。

学什么?

化学工程与工艺专业主要学习内容:

1.基础理论:掌握化学、物理、数学等基础知识。

2.化学工程基础:涉及化工热力学、化工原理、化学工程设计等课程,培养扎实的化学工程专业素养。

3.工艺过程与装置:学习化工分离过程、化工装置设计、化工过程控制等课程,掌握化学工艺过程和装置设计的方法。

就业方向:

1.在化工企业、设计院等从事化学工艺过程设计、生产管理、设备运行与维护等工作。

2.在新材料研究机构、企业等从事新型化学材料的研发、生产和应用工作。

3.在环保部门、废弃物处理企业等从事化工废弃物处理、环境保护工作。

4.在高校、研究院所等机构从事教育、科研工作。

注意事项：

优点：化学工程与工艺专业和能源、信息、材料、环保、食品、冶金等行业都有交叉，就业面广，待遇较好。本科生一般去化工企业做技术员，继续深造后就业会更理想。

缺点：化工行业经常接触高毒、高热、高粉尘等有毒有害物质，时间长了有可能引发生理不适，女生慎重选择。

081302 制药工程

一般人觉得"医药"两个字总是一起出现，所以制药应该和医学有关。但这种说法不完全正确，制药和医学、生物学、化学都密切相关，特别是化学。

是什么?

制药工程专业研究药物的研发、生产和质量管理，不太侧重于生理和药理的研究，而是侧重于药物的生产流程。该专业目标是培养具备药物研究、药品生产及质量控制能力的专业人才，以满足制药行业的发展需求。

学什么?

制药工程专业主要学习内容：

1.基础理论：掌握化学、生物学、药学等基础知识。

2.制药工程基础：涉及药物化学、药剂学、药物生产工艺等课程。

3.药品质量管理：学习药品分析、药品质量管理体系、药品生产质量控制等课程。

常见就业方向：

1.在制药企业、研究机构从事药物研发、筛选、临床试验等工作。

2.在制药企业从事药品生产、生产管理、质量控制等工作。

3.在政府药品监管部门、药品批发与零售企业等从事药品监管、市场推广等工作。

4.在高校、研究院所等从事教育、科研工作。

注意事项：

优点：就业情况比较乐观。如果愿意做销售之类的工作，可以做医药代表；如果喜欢做安稳的工作，可以做质检员；如果能考进药监局，那前景会更好。

缺点：医学类、化学类、药学类、化工类毕业生都能进制药企业，而且药品属于特殊商品，不能无限扩大规模生产，对人才的需求量不是很大。因此需要有足够的竞争力，需要继续深造提高自己的素质和能力。

第五天

0815 矿业类

081501 采矿工程　081503 矿物加工工程

日常生活中我们接触的金属都来自矿石,如果你能够将有价值的金属矿物从矿石中分离开来,你就拥有了"点石成金"的能力。

是什么?

采矿工程专业涉及矿产资源的勘查、开采、评估与管理,目标是培养具有扎实的地质学、采矿工程与技术等方面基础知识和实践能力的专业人才,为矿业的可持续发展提供技术支持。矿物加工工程专业关注矿石的选矿、提纯与加工,目标是培养具有矿物加工等方面基础知识和实践能力的专业人才。大块的矿石从开采出来到粉碎、分拣等是采矿工程专业的研究方向;之后的冶炼、加工、去除杂质等是矿物加工工程专业的研究方向。

学什么?

采矿工程专业主要学习内容:

1.基础理论:学习地质学、地球物理学、数学等基础知识。

2.采矿工程基础:涉及矿山地质、采矿方法、采矿设备等课程。

3.矿业管理与评估:学习矿业法律法规、矿产资源评估、矿山安全管理等课程。

矿物加工工程专业主要学习内容:

1.基础理论:学习化学、物理、数学等基础知识。

2.矿物加工工程基础:涉及选矿工艺学、矿物加工设备、矿物浮选等课程。

3.矿物提纯与加工:学习矿物提纯工艺、矿物加工新技术等课程,掌握矿物提纯和加工方法。

常见就业方向:

1.采矿工程专业,煤炭方向的毕业生可以去煤矿工作,金属方向的毕业生可以去矿山、隧道和设计院工作。

2.矿物加工工程专业,可以去矿业企业、矿物加工厂等从事矿石选矿、加工等工作;可以去矿物加工设备制造企业、设计院等从事加工设备和工艺设计等工作,主要是设计新厂区或者翻新老厂区。

注意事项:

优点:选这两个专业的人很少,很多都是调剂过去的,竞争压力较小,就业有对口单位,比较好找工作。采矿工作起始薪资比较高,福利待遇比较好;选矿工作起始薪资比采矿低,但只要有成果,待遇会很好。

缺点:采矿工作需要去矿场,远离城市,工作环境较为艰苦,而且矿井之类的施工现场多少有一点安全隐患。选矿工作相对安全,但起始薪资较低。因为学的知识太专业,只要去了矿场,想改行比较难,女生慎重选择。

081502 *石油工程*

石油虽然是液体,却是一种重要的矿产资源。"铁人"王进喜、歌曲《我为祖国献石油》都告诉我们:石油对于国民经济和普通民众日常生活的重要性。

是什么?

石油工程专业主要研究石油资源的勘探、开发、生产、储运以及管理,目标是培养具有扎实的地质学、石油工程与技术等方面知识和具有实践能力的专业人才。

学什么?

石油工程专业主要学习内容:

1.基础理论:学习地质学、物理、数学等基础知识。

2.石油工程基础:涉及石油地质学、钻井工程、油藏工程等课程。

3.石油生产与储运:学习油气生产工艺、油气储运等课程。

第五天

常见就业方向：

1.在石油勘探企业、石油开发公司等从事石油资源勘探、开发等工作。

2.在石油生产企业、油气田公司等从事石油生产、生产管理、设备运行与维护等工作。

3.在石油储运企业、石油销售公司等从事石油储运、销售等工作。

4.在石油工程技术服务公司、钻井公司等从事石油工程技术服务、钻井技术服务等工作。

注意事项：

优点：石油工程专业毕业生比较好就业，油田和研究院都愿意招聘石油工程专业的学生。研究院工作的收入没有油田工作的高，但是相对稳定；海洋石油公司对英语要求较高，但待遇不错。

缺点：钻井公司工作环境相对较差，工作强度较大；石油公司工作常年待在野外，活动范围就在施工现场附近。

适合什么人？

首先，适合耐得住寂寞、吃苦耐劳的男生；其次，比较适合家庭所在城市附近就有油田的人，可以有更多机会回家探望和接触城市生活。

0816 纺织类

081601 纺织工程

纺织工程不是织毛衣,也不是进服装厂踩缝纫机,而是研究面料、纺织工艺、纺织设备等。

是什么?

纺织工程专业主要研究纺织制品的加工工艺、纤维及其制品的性能研究、生产控制与产品检测等,从面料到纺织技术、纺织设备、纺织品的销售都是纺织工程的研究方向;服装样式设计是服装设计与工程专业研究的内容。该专业培养具有纺织工程基础知识和实践能力的专业人才,以满足纺织行业生产、设计、研发、管理等方面的需求。

学什么?

纺织工程专业主要学习内容:

1.基础理论:学习物理、化学、数学等基础知识。

2.纺织材料与技术:涉及纺织材料学、纺纱技术、织物结构与性能等课程。

3.纺织设备与控制:学习纺织机械原理、纺织自动化与控制等课程。

常见就业方向:

1.在纺织生产企业、纺织机械制造企业等从事纺织生产、技术研发等工作。

2.在纺织品设计公司、纺织品研发中心等从事纺织品设计、新产品开发等工作。

3.在纺织企业、纺织品检验机构等从事纺织质量管理、检验等工作。

4.在纺织品销售公司、纺织品进出口贸易公司等从事纺织品销售、贸易等工作。

5.在高校、研究所等机构从事教育、科研工作。

第五天

注意事项：

1.就业范围相对较广，但往往工作环境较差，待遇一般。如果能进技术部门和管理岗，待遇会不错。

2.纺织品检测和检验岗位，待遇一般，但比较稳定，适合女生。

3.纺织品外贸岗位薪资水平较高，但对英语要求也高。

4.我国纺织产业重心在东南沿海，选择这些地方的大学相对较好。

5.目前纺织产业开始向东南亚国家转移，行业前景一般，未来可能向高技术方向发展。

0818 交通运输类

081803K 航海技术　081804K 轮机工程

如果你觉得出海是一件很浪漫的事,认为远洋航行就是周游各国、工作钱多事少,那我建议你别报这类专业。

是什么?

航海技术专业的目标是培养具有船舶驾驶、航海安全、船舶管理等方面知识与技能的专业人才;轮机工程专业的目标则是培养具有船舶轮机设备安装、运行、维护与管理等方面知识与技能的专业人才。这两个专业共同为现代航运业提供关键的技术支持。航海技术专业大部分情况下都是跟船出海的;轮机工程专业可以出海,也可以在陆地船厂工作。

学什么?

这两个专业都需要学物理、数学、力学等基础知识,为后续专业课程的学习打下基础。专业课方面主要学习内容:

航海技术专业:主要学习船舶操控、航海仪器与设备等课程,培养扎实的船舶驾驶技能;学习海事法律法规、船舶安全管理等课程,掌握航海安全与船舶管理的相关知识。

轮机工程专业:学习船舶动力装置、船舶动力系统等课程;学习轮机设备原理、轮机管理与维护等课程,掌握轮机设备操作与管理的相关技能。

常见就业方向:

1.在各类船舶上从事船舶驾驶、操控以及船舶运输任务的实施等工作。

2.在各类船舶上担任轮机长、副轮机长、轮机师等职务,负责轮机设备的运行、维护与管理。

3.在海事管理部门、船舶检验机构、船舶安全监管机构等从事航海安全监

第五天

管、船舶检验、船舶管理等工作。

4.在航运企业、船务代理公司、港口企业等从事船舶运营管理、船务代理、船舶租赁等工作。

注意事项：

优点：这两个专业海上方向的就业相当好，只要你愿意出海，就能有工作，而且待遇相比其他工作来说高很多。一般来说，跑沿海的不如跑近洋的，跑近洋的不如跑全球的。升职通道清晰：如果是航海技术专业，刚上船是水手，然后是驾驶员、三副、二副、大副、船长；如果是轮机工程专业，刚上船是船员，然后是三管轮、二管轮、大管轮、轮机长。

缺点：没出过海的人是无法想象海上生活有多恶劣，而且海上航行有一定的安全风险。

0820 航空航天类

082001 航空航天工程

航空航天是"高大上"的专业,但如果你觉得毕业就能造火箭、飞船,甚至有机会开飞机、上太空,那你就错了。

是什么?

航空航天工程专业专注于研究航空器、航天器以及相关设备的设计、制造、测试与运行,目标是培养具有航空航天工程基础知识和实践能力的专业人才,以满足航空、航天及国防科技领域对高层次人才的需求。大气层以内的飞行器,如飞机、直升机、热气球等属于航空器;大气层以外的飞行器,如人造卫星、空间站等属于航天器。

学什么?

航空航天工程专业主要学习内容:

1.基础理论:学习高等数学、物理等基础知识。

2.航空航天工程基础:涉及航空航天动力学、航空航天材料学、飞行器结构与设计等课程。

3.航空航天系统与控制:学习飞行器控制、航空航天系统仿真等课程。

常见就业方向:

1.在航空、航天企业及研究机构从事飞行器、航天器及相关设备的设计、研发、制造与测试工作。

2.在航空航天企业及研究机构从事飞行器控制、航空航天系统仿真与优化、自动化控制系统开发等工作。

3.在军事研究院、国防科技单位等从事航空航天技术研究与开发。

4.在高校、研究院所等机构从事航空航天工程领域的教育、科研工作。

第五天

5.在航空航天企业、航空公司等从事项目管理、技术支持、营销等工作。

注意事项：

1.航空航天工程专业就业面较广,如航天院所研究火箭卫星、航空制造厂或飞机制造厂生产零件、飞机维修公司维修飞机、机场做地勤等。

2."高大上"的就业方向,如载人航天、空间站、登月工程等需要名校高学历、能力强的人才。

3.这个专业就业不是招飞行员或航天员,体检要求不高。

4.如果想更进一步,数学和物理一定要学好,要具有独立研究能力。

0825 环境科学与工程类

082501 环境科学与工程　082503 环境科学

大学戏称的"生化环材"四大"天坑","环"指的就是环境科学。真的是坑吗？

是什么？

环境科学是研究人类社会发展活动与环境演化规律之间相互作用关系,寻求人类社会与环境协同演化、持续发展的途径与方法的学科;环境工程是研究和从事防治环境污染和提高环境质量的学科,重点研究污染的治理方法及措施。环境科学专业偏理论,主要培养研究员;环境工程专业偏实践,主要研究具体的环境保护技术,如污水处理、大气污染处理等,培养的是工程师;环境科学与工程专业,理论与实践兼具。

学什么？

三个专业主要学习内容:

1.基础理论:学习高等数学、物理、化学等基础知识。

2.环境科学基础:学习环境化学、环境生物学、环境地理学等课程。

3.环境工程技术:环境科学与工程专业,学习环境工程设计、污水处理工艺、固废处理与处置等课程,掌握环境工程技术。环境科学专业,学习环境监测与评价、生态系统保护等课程。

常见就业方向：

1.在环境工程公司、设计院等从事环境保护设施的设计、施工、运行与维护工作。

2.在环境监测站、环保部门等从事环境质量监测、环境风险评估等工作。

3.在自然保护区、生态规划院等从事生态保护、修复、规划等工作。

第五天

4.在高校、研究院所等机构从事环境科学与工程领域的教育、科研工作。

5.在环保部门、企业等从事环境政策制定、环境管理、项目评估等工作。

注意事项：

1.这两个专业比较好的出路都是进事业单位，但考公去环保局比较难。想从事科研，可以选环境科学专业并继续深造；想直接工作，可以选环境工程专业。

2.环境工程专业毕业生可以去污水处理厂、自来水厂、防风固沙所等单位工作。

3.随着我国对环保越来越重视，环境科学和环境工程的未来发展前景光明。

4.同样是环境科学、环境工程，不同学校环境科学、环境工程专业相差可能很大，一定要提前了解目标院校的具体情况。

0826 生物医学工程类

082601 生物医学工程　082602T 假肢矫形工程

只要进了医院,到处都是生物医学工程的成果。比如CT、核磁共振仪、心脏起搏器、支架等。

是什么?

生物医学工程是一门跨学科的学科,它结合生物学、医学和工程学的知识,研究生物系统和医学问题,为人类健康提供创新解决方案。假肢矫形工程专注于研究与开发人造假肢、矫形器械和康复设备等辅助性医疗设备,目标是培养具有假肢矫形设计、制造和评估能力的专业人才,以提高患者生活质量和康复效果。

生物工程和生物医学工程不一样。生物工程研究的范围很广泛,而生物医学工程专攻和医学相关的问题。

学什么?

生物医学工程专业和假肢矫形工程专业主要学习内容:

1.基础理论:学习高等数学、物理、化学等基础知识。

2.生物医学基础:学习解剖学、生理学、生物化学等课程,培养扎实的生物医学素养。

3.工程技术:生物医学工程专业,学习生物材料、医学仪器设备设计、生物信号处理等课程;假肢矫形工程专业,学习假肢矫形器械设计、制造与评估等方面知识。

常见就业方向:

这两个专业本科生就业情况不是很理想,生物医学工程专业的本科毕业生基本只能从事医疗器械销售和医药代表之类的销售工作;假肢矫形工程专业的本科毕业生从事的基本是假肢销售工作。如果想有更好的出路,继续深造几乎是必然选择。

第五天

0827 食品科学与工程类

082701 食品科学与工程

民以食为天,市面上能见到的食品类商品,都需要研究配方、防腐保质、加工储藏等。如此,才能既保证好吃,又保证食品安全。

是什么?

食品科学与工程是一门涉及食品原料的生产、加工、储存、检测以及食品安全保障等多个环节的综合性学科,目标是培养具有食品科学理论知识和实际操作技能的专业人才,为食品产业的发展提供人才支持。通俗地说,食品科学与工程研究的是:好不好吃,即研究配方;能放多久,即研究添加剂的配比;吃了有没有事,即食品检验。

学什么?

食品科学与工程专业主要学习内容:

1.基础理论:学习高等数学、物理、化学等基础知识。

2.食品科学基础:学习食品化学、食品微生物学、食品营养学等课程。

3.食品工程技术:学习食品工艺学、食品机械与设备、食品包装等课程。

4.食品安全与质量管理:学习食品安全与卫生、食品质量检测、食品法规等课程。

常见就业方向:

1.在食品生产企业、食品加工等企业从事食品生产、加工、研发等工作。

2.在食品检测、食品安全监管等部门从事食品安全检测、质量管理等工作。

3.在高校、研究院所等从事食品科学与工程领域的教育、科研工作。

4.在食品企业、贸易公司等从事食品的销售、市场推广和品牌建设等工作。

5.在科技园区、创新公司等从事食品科技研发。

注意事项：

1.食品科学与工程的分支专业比较多，比如食品质量与安全，侧重于食品质检；粮食工程，侧重于粮食加工、粮食储藏、粮食运输等；乳品工程，侧重于奶制品的生产加工；酿酒工程，侧重于酿酒；葡萄与葡萄酒工程，侧重于葡萄酒酿造。

2.对于食品科学与工程专业和食品质量与安全专业，比较好的出路是"考公"，进食品药品监督管理局、海关、检疫局等部门，但比较难。

3.对于食品类相关专业的本科毕业生来说，就业面很广，但一般都是去对应的食品工厂。

4.酿酒工程专业除了做酿酒师还可以做品酒师，是比较热门的岗位，待遇不错，女生同样可以胜任。

0828 建筑类

082801建筑学　082802城乡规划　082803风景园林

建筑学不是盖房子,而是设计房子;土木工程就是拿着建筑学画的图纸把房子盖起来。

是什么?

通俗地说,建筑学专业是培养建筑方面的设计师,建筑设计师只有先拿出设计方案和施工图等,工人才能建造;风景园林专业同样是做设计,只不过设计的是公园、绿化带、城市绿地之类的项目,精确到在哪种几棵树和种什么品种的树,栽什么颜色的花,铺什么类型的草皮等;城乡规划专业主要负责大方向的规划,如哪里建设旅游风景区,哪里建设工业区、居民区等。

学什么?

三个专业主要学习内容:

1.基础理论:掌握高等数学、物理、化学等基础知识。

2.设计与创意:学习建筑设计、景观设计、城市设计等课程,培养设计思维和创意能力。

3.工程技术:学习建筑材料、建筑结构、工程测量等课程,掌握建筑与景观工程技术。

4.规划与管理:城乡规划专业,学习城市规划理论、土地利用规划、交通规划等课程,掌握规划与管理知识。

常见就业方向:

1.在建筑设计院、规划设计院等从事建筑设计、城乡规划、风景园林设计等工作。

2.在建筑公司、房地产公司等从事建筑施工、项目管理、工程监理等工作。

3.在高校、研究院所等机构从事建筑学、城乡规划与风景园林领域的教育、科研工作。

4.在政府、企业等从事城市规划管理、建筑审批、风景园林保护等工作。

注意事项：

1.建筑学是门槛很高的学科,要学的东西非常多,很多学校的建筑学专业是五年制。建筑设计师的一张设计图,要好看、有创意、与自然环境和人文气息融合、表达设计理念等;建筑设计师的一张施工图,要符合工程力学原理,布局合理,符合防火、避震等设计规范。

2.建筑学的高门槛带来的是高回报。对一个成功的建筑设计师来说,实现自己的设计理念更重要。

3.建筑学和风景园林专业都要学画画,但招的不是艺术生,因此这两个专业的学生可能都是大学的时候第一次拿起画笔。

4.建筑学毕业生离建筑设计师还很远。

5.风景园林专业和园林专业完全不同:风景园林专业是做设计的,园林专业是农学。

0829 安全科学与工程类

082901 安全工程

安全工程，顾名思义，就是负责各个领域的安全工作，做好安全保障，排除安全隐患。

是什么？

安全工程是一个以工业生产中的风险和事故为主要研究对象，综合运用工程技术和管理科学等知识辨识和预测存在的风险因素，防止事故发生或减轻事故损失的学科。一般来说，有施工和生产活动的地方，就需要安全工程，如矿井有没有塌方风险、化工厂车间有毒有害物质有没有泄漏风险等。

学什么？

安全工程专业主要学习内容：

1.基础理论：掌握高等数学、物理、化学等基础知识。

2.安全科学基础：学习安全科学原理、安全心理学、安全法律法规等课程。

3.安全技术与方法：学习安全工程技术、职业卫生工程、应急管理等课程。

4.安全管理与评估：学习安全生产管理、安全风险评估、事故调查与分析等课程。

常见就业方向：

1.在企事业单位、政府部门等从事安全生产管理、安全监察、安全培训等工作。

2.在安全评估机构、安全咨询公司等从事安全风险评估、安全技术咨询等工作。

3.在高校、研究所等机构从事安全科学与工程领域的教育、科研工作。

4.在应急管理部门、救援组织等从事应急预案制定、事故应对、救援指挥等工作。

5.在环保部门、企事业单位等从事环境安全监测、职业卫生管理、污染治理等工作。

注意事项:

1.安全工程专业毕业生找工作相对容易,对口专业人才紧缺。如果不想继续深造,本科阶段要多实习积累经验。

2.机场、火车站等地的安检是安全工程专业对口工作之一。

3.北方大学有的侧重于矿业安全,南方大学有的侧重于化工和机械行业的生产安全。

适合什么人?

适合细心可靠、有责任、有担当的人。因为安全工程是生产活动中的重要保障,安全大于天,要有责任和担当,才能胜任这个工作。

第五天

0901 植物生产类

090101 农学

农学不是把你培养成农民去种地,而是让农民用你发明的方法更好地种地。

是什么?

农学专业是一门研究农业生产、农业资源利用及农业生态环境保护的学科,目标是培养具备农业生产技术、农业资源开发与管理、农业生态保护等方面知识与技能的专业人才,推动农业绿色生产与可持续发展。一位农民,他知道如何种地,但他不一定知道用什么种子产量更高、隔多远栽苗长势最好、用什么化肥最适合自家土地等问题。这些问题,农学会给出答案。

学什么?

农学专业主要学习内容:

1.基础理论:学习高等数学、物理、化学、生物学等基础知识。

2.农业生产技术:学习农业生物学、作物栽培与耕作、农产品加工等课程。

3.农业资源与环境:学习土壤学、农业气象学、农业生态学等课程。

4.农业经济与管理:学习农业经济学、农业政策法规、农业项目管理等课程。

常见就业方向:

1.在农场、合作社、农技推广站等从事农业生产管理、农业技术推广等工作。

2.在政府部门、研究所等从事农业资源调查与评估、农业环境保护与治理等工作。

3.在高校、研究院所等机构从事农学领域的教育、科研工作。

4.在农业生产加工企业、农产品贸易公司等从事农产品加工、营销等工作。

注意事项：

1.农学专业的就业情况一般，本科毕业后基本是去种子、化肥、农药公司等做销售。

2.如果想待遇好一些，可以"考公"进农业局和粮食局等部门。

3.农学是植物生产类专业，因此农学不研究渔业和畜牧业。

4.很多农学毕业生因为不愿意待在农村而选择转行，所以选农学之前要慎重考虑。

0903 动物生产类　0904 动物医学类

090301 动物科学　090401 动物医学　090402 动物药学

对于养猪来说,培育好品种,让猪长得更快、肉质更好、出栏更早、及时打疫苗等是动物科学研究的范围,给猪治病是动物医学研究的范围,给猪吃什么药是动物药学研究的范围。形象地说,动物科学能让养殖户多挣钱,动物医学和动物药学能让养殖户少亏钱。

是什么?

动物科学是主要研究动物营养与饲养、饲料资源开发、动物育种及改良等方面的学科。培育优秀品种、配出好饲料、改善肉的品质、提高产奶量等,都是动物科学的研究范畴;给这些动物治病、预防传染病等,是动物医学的研究范畴;研制驱虫药和治病的药品等,是动物药学的研究范畴。

学什么?

三个专业主要学习内容:

1.基础理论:学习动物生物学、生理学、营养学等基础知识。

2.动物生产和管理:学习动物遗传育种、养殖学、动物行为学等课程。

3.动物医学和疫病防控:学习动物解剖学、病理学、微生物学、兽医药理学等课程。

4.动物药学:学习动物药理学、药剂学、药物制剂与质量控制等课程。

常见就业方向:

1.在养殖场、农业企业、畜牧业集团等从事动物生产和管理的工作。

2.在动物诊疗机构、防疫站、疾控中心等从事动物医疗和疫病预防工作。

3.在兽药企业、药品研发机构等从事动物药品研究和生产工作。

4.在高校、科研机构等从事动物科学、动物医学和动物药学领域的教育、科研工作。

5.在农业、畜牧业、兽医等相关政府部门从事农业政策制定、畜牧业管理和动物卫生监督等工作。

注意事项：

1.动物科学专业找工作不难,难的是坚持下去。工作环境相对较差,要能耐得住寂寞。

2.这三个专业"考公"都可以去畜牧局、检疫局、防疫站等。

3.动物医学和动物药学专业可以去宠物医院和宠物店,行业前景好,但个人能否做好只能各凭本事。

适合什么人?

适合从农村来或想到农村去的人。从小和家畜、家禽接触过,有养殖实践经验的,相对来说容易上手。

01001 基础医学类

0100101K 基础医学

基础医学毕业生不是当医生,当医生是临床医学专业毕业生。

是什么?

基础医学专业是研究疾病如何产生及如何预防和治疗疾病的学科,研究成果对临床疾病的治疗可以起到指导作用。基础医学相当于给医生提供理论指导,是医学教育中的基础学科和医学发展的基础和支撑。基础医学专业的主要目标是培养具有医学基础理论知识和实验技能的人才,为临床医学和公共卫生等领域的发展提供支持。

学什么?

基础医学专业主要学习内容:

1.人体解剖学:学习人体的各个器官、组织、器官系统的解剖结构和功能特点。

2.生理学:学习人体生理机能的调节、控制和适应能力等方面知识。

3.生物化学:学习人体分子、细胞和组织的结构、功能及其生化代谢过程。

4.微生物学:学习病原微生物的生物学特性、病原机理和防治方法。

5.病理学:学习疾病的形态学、生理学和病理生理学等方面知识。

6.药理学:学习药物的作用机理、药物代谢和药物毒理学等方面知识。

常见就业方向:

1.在医学科研机构、医学院校等从事医学基础理论研究和实验室工作。

2.在制药企业、医疗器械公司等从事研发和生产工作。

3.在医院、诊所等医疗机构从事科研、教学和医疗服务工作。

4.在卫健委、疾控中心等从事医学科研和管理工作。

5.在高校、培训机构等从事医学基础课程的教学工作。

注意事项：

1.再次强调，基础医学专业毕业不是当医生的，而是偏重理论研究，学起来比较枯燥，需要考研深造。

2.基础医学专业的本科生和其他医学类专业相比，相对不好找工作。

3.如果想做科研，最好选择实力强的大学，会有更好的实验条件支撑研究。

第五天

01002临床医学类

0100201K 临床医学

临床医学是专门培养医生的专业,但不是毕业了就能进医院当医生。

是什么?

临床医学是医学教育中的重要学科,是医学理论与实践的有机结合,它以人体生理、病理和诊断治疗为主要研究对象,培养掌握医学基本理论和临床技能的医学人才。临床医学专业是医学教育中的核心专业,也是医学领域的重要分支。

学什么?

临床医学专业主要学习内容:

1.病理学:学习人体疾病的基本病理变化及其发病机制。

2.诊断学:学习各种临床疾病的临床表现、诊断方法、鉴别诊断等。

3.内科学:学习各种内科疾病的发病机制、诊断和治疗等方面知识。

4.外科学:学习各种外科疾病的诊断、手术治疗、术后护理等方面知识。

5.妇产科学:学习妇科疾病的诊断和治疗等方面知识。

6.儿科学:学习儿科疾病的诊断和治疗等方面知识。

常见就业方向:

1.在各级医院从事临床诊治工作,如门诊医师、住院医师、主治医师、副主任医师、主任医师等。

2.在医学研究机构从事医学研究工作。

3.在制药企业从事临床试验和药品推广工作。

4.在高等医学院校从事教学、科研工作。

注意事项：

优点：医生职业有一定社会地位，容易被社会认可，收入可观。

缺点：1.要有8年以上的持续学习和实习才能上岗当医生。本科毕业有机会获得医院的规培资格，但留存率不高。

2.工作时间长、压力较大，没有固定的节假日。

3.胆大心细，有足够的耐心和学到老的决心，才能在这一行有所成就。

4.没有足够了解和足够心理准备的情况下，不建议盲目选择学医。

0100202 麻醉学

网上有个段子说：麻醉师一般是一台手术里最闲的人，如果麻醉师忙起来了，那大概率你就要去阎王面前溜达一圈。

是什么？

麻醉学是一门基础医学和临床医学结合的专业，主要负责为各种手术和检查提供无痛或少痛的条件。麻醉医生通过使用各种药物或物理方法使病人处于昏迷或局部麻醉状态，从而减轻或消除病人的疼痛和不适。

麻醉医生在动手术时给人麻醉，保证一台手术安全完成。但每个人麻醉之后受体质影响反应不同，因此万一出现突发情况，麻醉医生还要负责抢救。

学什么？

麻醉学专业主要学习内容：

1.麻醉药理学：学习各种麻醉药物的作用机理、药理学特点和不良反应等方面知识。

2.麻醉学基础理论：学习麻醉的分类、麻醉的生理学和病理生理学等方面知识。

3.麻醉技术：学习各种麻醉技术，如全身麻醉、局部麻醉和神经阻滞等方面知识。

4.麻醉后护理：学习包括病人的生命体征监测、呼吸道管理、镇痛和抗恶心等方面知识。

常见就业方向：

1.在医院麻醉科担任麻醉医生、麻醉技师、护理人员等。

2.在医学研究机构从事麻醉学的研究和教育工作。

3.在制药企业从事麻醉药品的研发和推广工作。

4.在高等医学院校从事麻醉学相关课程教学、科研等工作。

注意事项：

1.作为临床医学大类下的专业，麻醉学从入学到当麻醉师起码要8年，进入三甲医院起码要11年，最好是博士毕业。

2.麻醉师的工作除了让病人不疼，还要让病人安全醒过来。因此麻醉师基本都是急救高手，可以说生命握在麻醉师手里。

3.麻醉科基本是24小时待命，几乎没有休息时间。早上起来要备药，当天最后一台手术做完才能下班，下班后还要给第二天要动手术的病人做术前访视。

0100203TK 医学影像学　0101003 医学影像技术

医院的检查基本分为两类：化验、拍片。X光、CT、彩超、胸透、血管造影等最后出图的工作，都是医学影像学研究的范畴；这些检验的机器，是医学影像技术的研究范畴。

是什么？

医学影像学专业主要利用各种成像设备和技术，如X光、CT、MRI（核磁共振成像）、超声等，对人体进行无创或微创成像和诊断，以发现和确定疾病。医学影像技术专业主要负责医学影像设备的操作、维护和管理。医学影像技术专业是医学影像学的重要支撑，专业人员需要掌握各种医学影像设备的操作和维护技术，确保设备运行稳定和安全，同时需要具备一定的医学知识和沟通能力。

学什么?

医学影像学专业主要学习内容:

1.影像学基础:学习医学影像学基本理论、影像学分析方法和影像学成像技术等。

2.影像学解剖学:学习人体各个部位的解剖结构和组织学特点等。

3.影像学诊断:学习影像学检查和诊断各种疾病的方法、技术和应用等。

4.影像学应用:学习影像学在不同医学领域中的应用和发展等。

医学影像技术专业主要学习内容:

1.影像设备操作:学习各种医学影像设备的操作和控制方法,如 X 光、CT、MRI 等。

2.影像设备维护:学习医学影像设备的维护和维修技术,包括设备故障排除、备件更换等。

3.影像设备管理:学习医学影像设备的管理和使用规范,包括设备安全管理、医学影像数据管理等。

常见就业方向:

1.在医院影像科担任影像科医师、影像技师、影像护士等。

2.在医学研究机构从事医学影像技术研究和开发等相关科研工作。

3.在医学器械公司从事医学影像设备研发、销售、服务等相关工作。

4.在医院影像科担任影像技术员、影像设备维修工程师、影像设备管理人员等。

5.在医学影像设备公司从事医学影像设备的销售、维修和管理等相关工作。

注意事项:

1.医学影像学是医学学位,医学影像技术是理学学位。医学影像学医生主要负责诊断片子;医学影像技术人员是当技工和工程师,要会指导患者摆姿势、拍片子、用设备、修设备等,还要会看片子。

2.选择医学影像学,要做好长期学习的准备。阅片经验越丰富,工作起来越轻松,但发展空间相对有限。

3.比较好就业,工作强度对比门诊医生和外科医生来说,相对轻松。

4.不用担心长期接触辐射对身体有影响,医院现在的防护做得很到位。

01004 公共卫生与预防医学类

0100401K 预防医学

相比一个药到病除的好医生,我更喜欢能让我尽量不生病的健康建议。预防医学,就是研究如何预防生病。

是什么?

预防医学是一门综合性学科,它研究疾病的预防和控制、健康促进和社会医学等多个方面,与其他医学学科相互关联。预防医学专业的目标是培养掌握健康科学基本理论和方法,以及疾病预防、控制和健康促进等相关知识和技能的人才,从而为疾病的预防和控制做出贡献。

现代医学根据研究的对象和要达到的效果不同,分为三个板块:基础医学、临床医学、预防医学。基础医学主要研究疾病的原理和治疗方法,临床医学主要实操治病,预防医学主要研究如何延缓疾病发展和预防疾病发生。

学什么?

预防医学专业主要学习内容:

1.预防医学基础:包括人类疾病的流行病学、营养学、环境卫生学、劳动卫生学等基础知识。

2.预防医学技术:包括疾病预防和控制的常用技术和方法,如疫苗接种、健康教育、疾病筛查、卫生检验等。

3.社会医学:包括医疗制度、卫生法律、医学伦理等。

4.心理学、行为学:了解和掌握人类行为、生理和心理对健康的影响,以及如何利用这些知识预防疾病。

常见就业方向:

1.在卫生行政部门、医院管理机构等单位从事卫生管理、卫生教育等工作。

2.在社区、学校、政府相关部门等机构从事疾病预防和健康促进工作,如疾病筛查、疫苗接种、健康教育、慢性病管理等。

3.在疾病预防控制中心、疾病预防监测站等机构从事疾病监测、防控策略制定、疫苗接种管理等工作。

4.在医学院校、科研机构等单位从事预防医学科研、公共卫生研究等工作。

注意事项:

1.预防医学就业后统称为公共卫生医师,工作方向主要有疾控中心和社区医院两个大板块,也可以去乡村卫生室。相比较其他医学类专业,工作相对轻松、稳定,乡村卫生室的薪资可能相对低一些。

2.社区医院做的大多是测血压、打疫苗、健康教育宣传等工作;疾控中心属于事业单位,需要考试。传染病防治是预防医学的研究内容之一。新冠疫情发生以来,国家更加重视传染病防治,因此预防医学的发展前景会比较乐观。

0100402 食品卫生与营养学

三聚氰胺、瘦肉精、毒豆芽等重大食品卫生事件,引起了国家的高度重视,因此设立了食品卫生与营养学专业。

是什么?

食品卫生与营养学是一个综合性的学科,主要涉及人类营养和食品安全等方面。它研究食品的生产、加工、贮存、运输和销售等各个环节的安全问题,以及食物中的营养成分、营养需求和健康问题。

通俗地说,食品卫生主要研究如何让食品安全卫生,营养学主要研究如何让食品对人体更好。食品卫生与营养学专业和食品质量与安全专业不一样,食品卫生侧重于检查食品有没有"毒害",食品质量与安全侧重于检查生产过程中的添加剂和有关成分是否超标。超标不一定就会中毒,属于食品安全事件;中毒属于公共卫生事件。

学什么？

食品卫生与营养学专业主要学习内容：

1.食品营养学：包括食物中的营养成分、营养需求、饮食指南等。

2.食品安全学：包括食品微生物学、食品中毒、食品添加剂、农药残留等。

3.食品化学：包括食品的成分、结构和化学变化等。

4.食品生产与加工学：包括食品生产和加工过程的规范、卫生管理等。

5.食品检验与分析：包括食品质量检测的方法、仪器设备等。

6.营养评估与健康教育：包括对个体、群体、社区的营养状况进行评估，以及健康教育等。

常见就业方向：

1.在食品生产企业从事食品质量管理、食品加工技术、食品安全控制等工作。

2.在食品检验检测机构从事食品安全检测、食品质量监管等工作。

3.在卫生防疫部门从事饮食卫生、营养监管、食品安全管理等工作。

4.在医疗机构从事营养评估、饮食治疗、健康教育等工作。

5.在高校、研究院所等从事食品营养、食品安全等教育和科研工作。

6.在食品药品监管部门、卫健委、民政部门等从事食品安全监管、健康管理等工作。

注意事项：

1.食品安全方向的就业范围很广泛，可以去疾控中心、医疗卫生机构、检验部门、食品企业、餐饮企业、社区卫生单位等。

2.营养学方向不是卖保健品，可以考营养师证。专业的营养师可以给运动员、术后病人、婴幼儿、爱美人士等群体提供营养建议，提高身体机能，保障身体健康。

0100404TK 卫生监督

"病从口入"，除了食品本身质量要合格，加工食品的环境也要符合卫生标准。比如生产线、饭店后厨等地方,如果不保持卫生就容易滋生细菌和有毒有害物质。规范食品生产环境,是卫生监督专业的主要研究方向。

是什么?

卫生监督专业是一个综合性的学科,涉及人群健康和卫生安全等方面的问题,主要负责卫生监管、健康管理、卫生安全等工作,旨在培养具有卫生监督管理和卫生安全控制等方面知识和技能的人才。

"土坑酸菜""火锅的口水油"等,不是添加了有毒有害物质,而是在不卫生的环境下生产这些食品,这就需要卫生监督部门进行检查和整治。

学什么?

卫生监督专业主要学习内容:

1.卫生监督学:包括卫生监管等。

2.卫生安全学:包括卫生安全标准、卫生安全控制等。

3.卫生管理学:包括卫生机构管理、卫生项目管理等。

4.卫生法规:包括卫生法律法规、卫生监督条例等。

5.环境卫生学:包括环境卫生评估、环境监测等。

6.健康教育学:包括健康教育、健康促进等。

常见就业方向:

1.在卫生监督机构从事卫生监管、卫生安全控制等工作。

2.在医疗机构、公共卫生机构等从事卫生管理、卫生安全控制等工作。

3.在健康教育机构、医疗机构、公共卫生机构等从事健康教育、健康促进等工作。

4.在环保机构从事环境卫生评估、环境监测等工作。

5.在卫健委、民政部门等从事卫生监管、健康管理等工作。

注意事项:

1.卫生监督专业的工作方向偏重于监督执法,除了学习专业知识,实习时还需要学习如何检测和执法。

2.如果想去卫生监督所、食品药品监督管理局、各级卫生行政部门等,需要"考公""考编"。

3.目前开设卫生监督专业的大学不多,随着国家和民众越来越重视食品安全,专业发展前景看好。

第五天

· 201 ·

01005 中医学类

0100501K 中医学　0100502K 针灸推拿学

中国人对于中医有特殊情节,癌症这种大病主要靠西医,头昏脑涨、肠胃不好、调理身体、治未病等问题,大部分中国人第一时间还是会想到中医。

是什么?

中医学是指通过对人体生理、病理的认识和分析,运用中草药、针灸、推拿等手段来诊断和治疗疾病的一门综合性学科。中医学专业主要涉及中医药基础理论和临床实践技能。针灸推拿学是中医学的一个分支,它是指通过刺激穴位或按摩某些特定的部位来调节人体的生理功能和防治疾病的一种疗法。

中医相对于西医有自身独特的诊病思维和治疗方法,特色是辨证论治和整体观念。所谓辨证论治,是根据不同患者、不同阶段的具体病证表现来量身定制的治疗原则和处方,充分表现了中医药学个体化治疗的科学理念;所谓整体观念,是指中医把人与自然、社会看成一个"大"整体,把人自身的脏腑、经络等组织看成一个"小"整体,诊疗疾病时中医会考虑到自然、社会的影响因素,兼顾病变脏腑以外的其他脏腑组织,非常注重联系性、整体性。

学什么?

中医学专业主要学习内容:

1.中医基础理论:包括中医基本理论、中医经典、中医方剂等。

2.中药学:涉及中药的制备、成分、功能、药效等。

3.方剂学:学习中药方剂的组方、制剂、应用等。

4.针灸推拿学:学习经络学、穴位学、针灸学、推拿学、按摩学等。

5.中西医结合诊断:学习中西医结合的临床诊断和治疗方法。

6.临床中医学:学习中医学在临床应用方面的知识和技能。

7.经络学:学习人体经络系统的结构、特点、功能等。

8.中药制药:学习中药的制剂和质量控制等。

针灸推拿学专业主要学习内容:

学习经络学、穴位学、针灸学、推拿学、按摩学、中医基础理论、病理学、解剖学等。

常见就业方向:

1.在中医诊所和中医院等从事中医诊疗、针灸推拿和按摩治疗等工作。

2.在康复中心和养老院从事中医康复治疗、推拿、按摩等工作。

3.在健康产品企业从事产品研发、质检、销售等工作。

4.在学术研究机构和医学院校等从事中医药领域的教育、科研工作。

注意事项:

1.中医的真本领大都不是在学校掌握的,而是问诊治病、积累经验的结果。就业面比较窄,大多是当中医,去大医院、好医院,需要考研深造。

2.针灸推拿学专业相对来说比较好就业,去医院、理疗中心、按摩正骨店等都能找到工作。学针灸推拿对家人朋友益处多多,有利于增进人际关系。

第五天

01007 药学类

0100701 药学　0100703TK 临床药学

学药学专业可以当医生,但不是问诊、开刀、治病的医生。药学主要和药品打交道。

是什么?

药学是一门以研究药物及其制剂的性质、成分、剂型、质量控制、药理作用、药代动力学、药物副作用及其预防等为主要内容的学科。临床药学是药学的一个分支,主要关注药物在临床应用中的安全性和有效性。临床药学的学科内容包括药物治疗学、药物治疗学评价、药物不良反应的评估与管理、药物间的相互作用、药物的临床应用等。跟药相关的,基本都归药学研究。临床药学侧重于如何让药发挥最佳效果,如有什么禁忌和不良反应、哪几种药搭配起来效果更好等。

学什么?

两个专业主要学习内容:

1.药理学:学习药物对生物体的作用、药效学、毒理学等。

2.药物化学:学习有机、无机和分析化学等方面的知识,掌握药物化学的基本理论和方法。

3.药剂学:学习药物的制剂方法、剂型设计、质量标准等。

4.药物分析学:学习药物质量检测和分析的理论和方法。

5.药物信息学:学习药物数据库、信息检索、医学信息技术等。

6.药物管理学:学习药品管理和药物生产质量控制等。

7.临床药学:学习药物治疗学、药物治疗学评价、药物不良反应的评估与管理、药物间的相互作用、药物的临床应用等。

8.药品经济学:学习药品市场分析、药品定价、药品管理等。

常见就业方向：

1.在医药制药企业和药品研发机构从事新药研发工作，负责药物的筛选、研发、试验、生产等方面工作。

2.在药品监管机构和药品质量监管部门从事药品注册、检验、评价、监管等方面工作。

3.在医院从事药物治疗方案设计、临床药物研究和药物不良反应监测等方面工作。

4.在药品市场分析机构和医疗保险机构从事药品信息管理和市场分析等方面工作。

5.在科研机构从事药物研究、基础研究和临床研究等方面工作。

注意事项：

1.药学专业一般是四年制，临床药学学习的内容更多，一般是五年制。

2.药学专业的就业范围比较广，可以考研深造做科研研制新药，可以考公去药监局或者药检所（一般需要硕士学位），可以去医药公司、药厂等做销售。

3.临床药学的对口岗位是进医院给患者检测血药浓度之类的工作，有一定门槛，取得硕士、博士学位才能进较好医院。

4.药学类专业可以考执业药师资格证，取得资格证可以去药房工作。

5.中药学专业主要研究中药相关的内容，除了学习药理疗效配比等内容，还要学习如何炮制中药、如何配伍、如何煎药等内容。药学能去的岗位中药学基本上都可以去。

第五天

01009 法医学类

0100901K 法医学

学法医不一定就是验尸，但要时刻做好和尸体打交道的准备。

是什么？

法医学是一门应用医学和法律学的交叉学科，主要研究法医学上的医学问题，如病因、伤害程度、死因、毒物学等，为司法机关提供医学鉴定、医学证据和法医学专业技术服务。法医学是具有较强的应用性质的学科，需要将科学的医学知识与实际应用场景相结合，以便为司法机关提供准确的鉴定结果和法律意见。简单地说，法医需要通过研究尸体来发现被害人是怎么死的、死了多久、受的什么伤等。

学什么？

法医学主要学习内容：

1.解剖学：学习人体各个器官的形态结构、位置和功能。

2.病理学：学习人体疾病的形态学和功能改变，了解病理学在法医学上的应用。

3.药理学：学习药物对人体的作用机制和剂量效应，为毒物学和药物鉴定打下基础。

4.毒理学：学习毒物对人体的作用和毒理反应，如毒物鉴定和毒物处理。

5.法医鉴定学：学习法医学的基本概念和理论，法医鉴定的程序、方法和标准等。

6.人体解剖学和创伤学：学习人体的解剖学和创伤学，包括解剖学的分部位和分层次的结构、器官间的相互联系等。

7.法医学影像学：学习影像学在法医学中的应用，包括 X 光检查、核磁共振成像和超声成像等。

8.法医学实验技术:学习法医学实验的操作技术和实验仪器的使用方法。

9.法医学法律基础:学习法律基础、司法鉴定法律法规等相关法律知识。

常见就业方向:

1.在公安机关从事刑事案件的法医鉴定工作。

2.在法院、司法局、公证处等机构从事涉及法医学的司法鉴定工作。

3.在医疗机构从事涉及法医学的医疗工作。

4.在高校从事法医学教育、科研工作。

注意事项:

1.学法医需要具有比较强大的心理承受能力和自我调节能力。

2.法医不一定要接触尸体,可以去做伤残鉴定。

3.本科毕业生一般去基层公安部门工作,考公可以去公检法做法医。

01010 医学技术类

0101001 医学检验技术　0101005 康复治疗学

　　医院做化验检查分为两部分：医学影像主要负责拍片，医学检验技术主要负责抽血化验、验尿验便。

是什么？

　　医学检验技术专业是一门医学检验技术的应用学科，通过检验分析人体体液、组织和细胞等方面的生理指标，为医学诊断提供实验室检验结果。康复治疗学专业是一门应用医学的综合学科，主要研究各种疾病的康复治疗方法和技术，如针灸、推拿、理疗、运动疗法等，以恢复和提高患者的健康和生活质量。

　　医学检验技术很常见，如做检查时给出血常规、肝功等指标的数据。康复治疗学相对不那么常见，如腿断了卧床很久、长时间没下地活动，这就需要康复治疗手段让患者慢慢适应肌肉发力。

学什么？

医学检验技术专业主要学习内容：

　　1.学习生物化学基础知识、基因和蛋白质的结构与功能、DNA的复制和转录等。

　　2.学习病原微生物的分类、形态、生长特性、病理生理学、传播途径、预防和控制等。

　　3.学习实验室技术的基础理论和操作技巧，包括生物样本的采集、分离、分析和诊断。

康复治疗学专业主要学习内容：

　　1.学习运动训练的原理和方法，掌握康复治疗中的各种运动康复技术，如力量训练、柔韧性训练、平衡训练等。

　　2.学习康复治疗的基本理论和知识，包括康复疗法的分类、康复评估、康复效果评价等。

3.学习康复治疗技术,如物理疗法、手法疗法、中医康复、针灸推拿等。

4.学习康复心理学基础理论和方法,如心理治疗、认知行为疗法、沟通技巧等。

常见就业方向:

1.医学检验技术专业毕业生主要是进医院检验科、检疫站、海关、卫生局、血站、防疫站等单位,体检中心也是一个不错的选择。

2.康复治疗学专业毕业生可以去各级医院和保健康复机构从事康复治疗、保健评价等工作。

注意事项:

康复治疗学授予的是理学学位,而不是医学学位,因此不能当医生,可以考康复治疗师职业技术资格证,成为康复治疗师。康复治疗师的待遇不一定比普通医生差,本科毕业就可就业,深造后前景更好。

第五天

01011 护理学类

0101101 护理学

护士,专科学历就能胜任,但需要升职的时候,学历的优势往往就体现出来了。

是什么?

护理学是一门独立的学科,主要研究护理实践的基本理论和方法,包括病人的护理、预防、康复和健康教育等。护理学和康复治疗学都是以患者为中心的专业,护理学主要从保障病人基本生活需求的角度出发,负责日常生活的护理和照顾;康复治疗学则是从康复的角度出发,针对特定疾病或损伤,通过各种康复方法来恢复或改善患者的生活质量。

学什么?

护理学专业主要学习内容:

1.基础医学知识:包括生物化学、解剖学、生理学、微生物学等。

2.护理学基础:包括护理学概论、护理伦理学、护理心理学、护理教育学等。

3.护理技术:包括基本护理技术、专科护理技术、急救技术、手术室护理技术、重症监护技术等。

常见就业方向:

1.在医院负责对患者进行基础护理和医疗监护,包括常规检查、药物管理、营养支持等。

2.在社区护理机构和家庭中为老年人、残疾人和慢性病患者等提供护理和照顾服务。

3.在医院、康复中心等从事康复治疗工作,针对各种疾病和损伤,设计个性化的康复计划。

4.在大学、职业学校、医院等从事护理教育和培训工作。

5.在医院、社区卫生服务中心等从事护理管理工作,负责护理质量控制、人员培训、资源管理等。

注意事项:

在传统印象里,护士都是女生,但是细心、会照顾人的男生也可以当护士。目前大医院都在招聘男护士,需求量很大、待遇较高。男生相对女生更理性,遇到突发情况时更沉着冷静,因此比较适合做重症护理。

01201 管理科学与工程类

012103 工程管理　0120105 工程造价

一个建筑项目,不是只有工人干活就能做起来。不同工种基本只专精于自己所学的技术,这就需要有人协调。谁什么时候在哪干什么活,需要和谁配合,什么时候活要干完,需要什么材料,花多少钱等,这些都是工程管理需要考虑的事情。

是什么?

工程管理主要关注的是工程项目的全过程管理,包括工程项目的规划、设计、建设、运营等各个环节,旨在保证工程项目高效、优质、安全、可持续实施;工程造价是在工程项目建设过程中,通过对工程造价的控制和管理,保证工程项目的成本、质量和进度等目标的达成。工程管理主要抓全面工作,什么环节都要管一管,什么环节的事都要了解;工程造价主要针对和钱有关的事,计算出一个工程总共需要花多少钱。

学什么?

工程管理专业主要学习内容:

1.工程项目管理:包括项目组织结构、项目规划、项目实施、项目监控、项目收尾等。

2.工程项目经济学:包括成本分析、收益分析、投资决策等。

3.国家和地方的相关法律法规和政策:包括招标投标法、建筑法、合同法、环境保护法等。

4.工程质量管理:包括质量计划、质量控制、质量评估等。

5.工程安全管理:包括安全规划、安全设计、安全监测等。

工程造价专业主要学习内容:

1.工程造价的基本概念:包括工程造价基础知识、工程量清单、造价调整等。

2.建筑工程造价的计算方法、标准和流程：包括建筑工程造价分析、投资估算、招标投标等。

3.相关法律法规和规章制度：包括招标投标程序、合同管理流程等。

4.工程成本管理：包括成本核算、成本控制、成本分析等。

常见就业方向：

1.在国有企事业单位、房地产开发企业、建筑施工企业、设计院等从事工程管理工作，主要负责工程项目的规划、组织、协调和管理，监督项目进度、质量和成本。

2.在建筑、房地产、能源、交通、水利等行业的企业和事业单位从事工程造价工作，主要负责工程造价的核算、预算、招投标、合同管理、成本控制等。

注意事项：

1.工程管理专业需要学经济学、法律、管理、画图、造价、数据库等内容，学的内容非常杂但不精，因为做管理各方面都需要了解一点。工程管理专业就业面很广，但相对专门学习相关专业的毕业生没有很强的竞争力。

2.工程造价专业需要考造价员、注册造价师等证书。有证书比较好找对口工作，但考试通过率较低，所以工程造价方面的人才比较稀缺。

第五天

01202 工商管理类

0120203K 会计学 0120204 财务管理

财务和会计都是直接和钱打交道,只不过会计主要是"算",财务主要是"管"。

是什么?

会计学主要关注企业的财务核算、财务报告和审计等方面工作;财务管理则更注重企业的融资、投资、风险管理等方面工作。可以说,会计学是财务管理的基础,而财务管理是会计学的深化和拓展。

学什么?

会计学专业主要学习内容:

1.会计学的基本原理、基础理论和方法,如会计信息的收集、分类、记录和报告等。

2.财务会计:包括会计核算、会计报表、会计分析、会计决策等。

3.管理会计:包括成本会计、管理会计、预算管理等。

4.税务会计:包括税收政策、税务法规、税务核算、税务管理等。

财务管理专业主要学习内容:

1.财务管理的基本原理、基础理论和方法,如企业财务、财务分析、财务决策等。

2.投资管理:包括资本预算、股票投资、债券投资、衍生品投资等。

3.融资管理:包括股票发行、债券发行、银行贷款、企业融资等。

4.风险管理:包括市场风险、信用风险、汇率风险、利率风险等。

常见就业方向:

1.在会计师事务所从事会计核算、审计、税务咨询等方面工作。

2.在企业会计部门从事企业财务管理、成本核算、预算管理等方面工作。

3.在政府部门从事财政预算、财务管理、税务管理等方面工作。

注意事项：

1.不管学的是会计还是财务管理,刚进公司都是从会计做起。先当会计,慢慢积累经验,再学点管理,就有机会晋升为财务管理。

2.会计学招生时有三个方向:注册会计师、国际会计、ACCA(国际注册会计师),分别代表的是中国认证、国内外通用、欧盟认证,这就是在国内、国外做会计的区别。

3.目前这两个专业的低层次人才供大于求,但取得会计师或注册会计师之类的证书,并具有一定工作经验,就是抢手的高层次人才,所以持续学习很重要。

4.如果对薪资待遇和发展没很高的期待,会计是一份比较轻松且稳定的工作。

0120205 国际商务

国际商务,不只是和外国人做生意,而是和外国人谈合作与博弈。

是什么?

国际商务专业是一个跨学科、综合性较强的学科,主要涉及国际贸易、市场开拓、国际投资、跨国公司管理等。学生需要具备扎实的商业知识和国际经济、国际贸易等领域的专业知识,同时还需要掌握国际商务英语和跨文化交流技巧等方面知识。

学什么?

国际商务专业主要学习内容:

1.国际贸易实务:涉及国际贸易实务、贸易融资、贸易结算、国际运输、保险等。

2.国际市场营销:涉及市场调研、市场定位、市场策略、产品管理等。

3.国际商务管理:涉及跨国公司管理、跨文化交流、国际战略管理等。

4.国际金融管理:涉及国际货币体系、汇率风险管理、跨国资本流动等。

5.国际商务英语:涉及商务英语的听、说、读、写等。

6.跨文化交流：涉及不同文化背景下的沟通技巧、礼仪、信任建立等。

常见就业方向：

国际商务专业毕业生可以在跨国公司、贸易公司、银行、保险公司、咨询公司等从事国际贸易、市场开拓、投资咨询、金融服务等方面工作。同时，他们还可以在政府部门、国际组织、商会等机构从事国际贸易政策研究、国际商务合作等方面工作。

注意事项：

1.国际商务和国际经济与贸易（简称国贸）区别不大，国际商务侧重于"谈生意"，接待、交流、谈判、定战略合作方向等；国贸更侧重于"做生意"，具体到每次商品交易的细节、流程等。

2.如果做对外销售方向的工作，英语必须要达到六级或者专业八级。

3.报考国际商务，最好找东南沿海港口城市或其附近城市的大学。因为对外贸易大多数都是通过海运，跑报关或者单证之类的工作离海关越近越方便。

0120206 人力资源管理

招聘、培训、签合同、考核、激励、离职……这些就是人力资源管理的主要工作。

是什么？

人力资源管理专业是以企业的人力资源管理为核心，围绕着组织人员招聘、薪酬管理、培训与发展、绩效管理等方面进行研究和实践的学科。它旨在培养具有人力资源管理专业知识和实践能力的专业人才，为企业的人力资源管理提供支持和帮助。

学什么？

人力资源管理专业主要学习内容：

1.人力资源管理概论：掌握人力资源管理的理论知识。

2.组织行为学：掌握管理人员对组织行为的影响和调节方法。

3.人力资源开发与培训:了解企业人力资源开发和培训的策略和实施方法,掌握培训课程设计和实施的技巧。

4.绩效管理:了解企业绩效管理的策略和实施方法,掌握绩效评估指标的设计和实施的技巧。

5.薪酬管理:了解企业薪酬管理的策略和实施方法,掌握薪酬计划设计和实施的技巧。

6.劳动法律与劳动关系:了解劳动法律和劳动关系的主要内容和相关法律法规,掌握企业劳动关系管理的技巧。

常见就业方向:

1.在各类企业从事人力资源管理、人力资源开发、绩效管理、薪酬管理、招聘等方面工作。

2.在政府机构从事人力资源管理、人才引进等方面工作。

3.在高校或职业培训机构从事人力资源管理、职业培训等方面工作。

注意事项:

1.中小企业中人力资源、行政、后勤往往是一个部门。招聘时干人力资源的活,不招聘时干行政和后勤的活,薪资水平不高但很锻炼人。

2.在大公司做HR(人力资源),不仅要招聘培训,还要定绩效考核,关注员工的身心健康,激励员工努力工作,维护团结友善的员工关系,开导员工的负面情绪等。可以说,一个好的HR能让团队发挥最大的效能。

3.做HR既要从公司利益出发去考虑问题,也要从员工利益出发去考虑问题。因此HR很多时候是矛盾的,如何让双方都满意,这就需要丰富的工作经验。

第五天

0120207 审计学

审计是查账的,审计查账时主要和财务、会计沟通。

是什么?

审计学是财务管理学科中的一个重要分支,主要研究如何进行财务信息的审核、评估和监督,以保证财务信息的准确性和可靠性。作为一门交叉学科,审计学综合了会计学、管理学、经济学、法律学等多个学科的知识,具有较强的实践性和综合性。查账是审计的工作内容之一,但不能概括审计的全部。

学什么?

审计学专业主要学习内容:

1.会计学基础:包括会计核算、财务报表分析等课程,掌握会计学的基本理论和核心技能。

2.经济学:包括微观经济学、宏观经济学等课程,掌握经济学的基本理论和方法。

3.法律学:包括财务法、证券法、公司法等课程,了解相关法律法规和法律制度。

4.统计学:包括统计分析、概率论等课程,掌握统计学的基本理论和方法。

5.审计学专业课程:包括审计学原理、审计程序、内部控制、审计报告等课程,掌握审计学的核心理论和技能。

常见就业方向:

1.在审计公司从事审计、咨询等工作,如担任审计师、咨询顾问等。

2.在会计师事务所从事审计、税务等工作,如担任会计师、税务师等。

3.在银行、证券公司、保险公司等金融机构从事风险管理、内部控制、合规等工作,如担任风险管理师、合规管理师等。

4.在企业从事内部审计、风险管理等工作,如担任内部审计经理、风险管理经理等。

注意事项：

1.本科生基本能胜任审计学专业相关工作。审计主要看能力，如果能取得注册会计师证书，那就相当有竞争力。审计和会计相当于一体两面，想学好审计就得学好会计，同样很多会计是审计转行。

2.审计查账时主要和财务、会计沟通。一般来说，审计查账时是会计最忙的时候，需要提供很多材料。因此，除了过硬的业务水平，审计还需要掌握良好的沟通技巧，才能顺利完成工作。

第五天

01204 公共管理类

0120402 行政管理

行政管理,通俗地说就是干杂活,比如采买、通知开会、招聘、安排新人入职、预约和客户见面等工作。

是什么?

行政管理专业是管理学科中的一个重要分支,主要研究如何对行政事务进行规划、实施、指导、协调和控制,以实现组织和管理的目标。行政管理需要和各种人沟通协调,上到领导和客户,下到基层员工。

学什么?

行政管理专业主要学习内容:

1.公共管理基础:包括公共管理学、行政法学、政策分析等课程。

2.行政管理学:包括行政组织、行政领导、行政管理制度等课程。

3.经济学:包括微观经济学、宏观经济学等课程。

4.统计学:包括统计分析、概率论等课程。

5.政治学:包括政治学原理、政治制度等课程。

6.管理学:包括组织行为学、战略管理、人力资源管理等课程。

7.社会学:包括社会学原理、社会研究方法等课程。

8.公共政策:包括政策制定、政策实施、政策评估等课程。

常见就业方向:

1.在各级政府机构从事行政管理、政策制定、组织管理等工作,可以担任行政主管、政策分析师等。

2.在企业从事行政管理、组织管理、人力资源管理等工作,可以担任行政总监、人力资源经理等。

3.在非营利组织从事行政管理、组织管理等工作,可以担任项目经理、行政主管等。

4.在政府机构、企业或研究机构从事行政管理、政策分析等工作,可以担任政策分析师、研究员等。

5.自主创业:毕业生可以开展相关的创业项目,如从事政策咨询、行政管理咨询等工作。

注意事项:

1.可以去政府部门或者事业单位做行政工作,但占比很小。很多人选择这个专业时就准备考公,所以能考进政府机关的比例略高。

2.大多数毕业生是去公司做行政工作或后勤管理。工作不难,但又多又杂,需要较强的沟通能力和自主学习能力。

3.行政管理专业侧重于为政府输送人才,公共事业管理专业侧重于为企业输送人才,根据自身情况决定选择哪个专业。

0120406TK 海关管理

一切进出口物品,都要经过海关检查才能放行。海关管理,就是专门为海关输送人才的专业。

是什么?

海关管理专业是一门综合性强的专业,涉及贸易、法律、经济、管理等多个领域,主要研究海关管理的理论和实践问题,培养掌握海关相关知识和技能的高层次人才。海关的主要工作包括收关税,排查走私物品、外来入侵物种、毒品,查合同和单据等。

学什么?

海关管理专业主要学习政治学原理、管理学、公共管理学、社会研究方法、法理学、行政法与行政诉讼法、公共经济学、公共政策分析、公共部门人力资源管理、海关监管、海关税收、海关统计、海关缉私、海关稽查、海关风险管理、进出境检验检疫实务、海关商品归类、海关估价、原产地规则等内容。

常见就业方向：

1.海关管理：包括海关监管、税收征收等岗位，如海关监管员、税收征管员等。

2.贸易岗位：包括进出口贸易、物流管理等岗位，如贸易业务员、外贸主管、物流专员等。

3.数据分析：包括海关数据分析、统计等岗位，如数据分析师、统计员等。

4.顾问咨询：包括海关管理咨询、政策咨询等岗位，如咨询顾问、政策分析师等。

5.研究分析：包括海关管理研究、政策分析等岗位，例如研究员、政策分析师等。

注意事项：

1.目前开设海关管理专业的大学很少，因此报考海关公务员的竞争压力小，相对容易。

2.海关管理专业学习的内容很多很杂，难度较大，有一定学习压力。

3.海关管理专业的对口工作就是去海关，高度对口意味着就业面比较窄。

01206 物流管理与工程类

0120601 物流管理　0120602 物流工程

一提起物流,很多人觉得就是快递,快递只是物流的一部分。超市和便利店进货、菜市场进菜、海运等,这些都是物流。

是什么?

物流管理专业主要是研究物流的运作和管理,注重物流的运营、控制和协调等;物流工程专业侧重于物流系统的规划、设计、建设和维护等,注重物流系统的技术和工程实施。物流分为很多方向:生产—库存—销售流程叫生产物流,采购—库存—使用流程叫采购物流,既不属于生产方也不属于销售方的叫第三方物流,即我们熟悉的纯运货的物流。

学什么?

这两个专业主要学习物流管理学、运输与配送管理、仓储与库存管理、供应链管理、物流信息技术、货运代理与报关、国际物流管理、质量管理、采购管理、物流市场营销等课程。物流管理侧重于想办法降低物流成本,提高物流效率和经营效益。物流工程侧重于对物流设备、物流厂房的规划和布局。

常见就业方向:

1.在物流公司从事运作岗位,如仓库管理员、理货员、车辆调度员等。
2.在企业的物流部门从事物流管理或采购管理等工作。
3.在电子商务公司从事仓储、进货发货、配送客户资料等工作。
4.在物流设备公司、海运公司等从事相关工作。

注意事项:

优点:电子商务的飞速发展带来了物流行业的快速发展,因此物流管理和物流工程比较好找工作。一般来说,公司规模越大,相应待遇越好。

缺点:本科生刚毕业需要去基础岗位,虽不是当搬运工,但工作比较累,压力较大。别人休息的时候,基本就是物流人忙的时候,加班比较多。

物流管理是管理学学位,物流工程有的学校是工学学位。物流管理一般是文理兼招,物流工程只招理科生。一般来说,女生偏向物流管理,男生更偏向物流工程,当然还要结合自身情况选择。

01208 电子商务类

0120801 电子商务

相信你对电子商务一点不陌生，简单地说就是买家通过互联网，在看不到真实商品的情况下购买商品。不管什么企业、什么公司，只做线下市场不做电子商务，基本就等于被时代淘汰，可见电子商务的重要性。

是什么？

电子商务专业主要培养电子商务领域的专业人才，涉及电子商务平台建设、电子商务企业运营管理、电子商务营销、电子商务安全与风险管理、电子商务法律等方面的知识和技能。随着互联网的普及和电子商务的快速发展，电子商务专业越来越受到大家的关注。

学什么？

电子商务专业主要学习内容：

1.电子商务基础知识：电子商务的定义、分类、基本模式和发展历程等。

2.电子商务平台建设：电子商务网站、电子商务平台的建设和管理，以及移动电子商务平台的开发等。

3.电子商务企业运营管理：电子商务企业的组织管理、产品策划、销售管理、客户服务管理等。

4.电子商务营销：电子商务营销的策略、方法、工具和技巧等。

5.电子商务安全与风险管理：电子商务安全技术、电子商务风险评估与管理等。

6.电子商务法律：电子商务合同、电子商务知识产权保护、电子商务消费者权益保护等法律知识。

常见就业方向：

1.在电子商务企业从事网站开发、运营管理、市场营销、客户服务等。

第五天

2.在电子商务平台运营公司从事平台建设、技术开发、安全管理等。

3.在电子商务咨询公司从事电子商务策划、市场调研、战略规划等。

4.在电子商务相关行业从事电子支付、物流配送、电子商务法律事务、电子商务培训等。

注意事项：

电子商务属于新开设的专业，毕业生并没有那么强的优势。电子商务兴起时，成功开过网店和做过线上销售的个人和企业虽然没学过相关理论知识，但实操经验非常丰富，所以本专业毕业生很可能不如一个有丰富经验的自由职业者。不过，系统学习过电子商务相关知识总归是比"门外汉"从事相关工作或开网店要有优势。

01209 旅游管理类

0120901K 旅游管理

并不是学了旅游管理就能到处旅游,实际上,旅游行业火爆不代表旅游管理专业的毕业生发展就好。

是什么?

旅游管理专业是培养具备较高管理素养,掌握旅游市场开发、旅游规划、旅游经济、旅游资源开发与保护、旅游企业管理等方面知识和能力,能够在旅游管理和服务等领域从事相关工作的高层次、应用型人才。旅游管理涵盖的方向非常多,景区、景点、主题公园、游乐场、旅游俱乐部、度假村等地方的策划、营销、主题活动、宣传、导游等,都是旅游管理专业研究的内容。

学什么?

旅游管理专业主要学习内容:

1.旅游概论:介绍旅游的概念、旅游的产生和发展、旅游的类型、旅游的经济和社会效益等方面的基础知识。

2.旅游规划与开发:包括旅游资源调查与评价、旅游规划、旅游区建设、旅游产品开发等内容,主要掌握如何规划和开发旅游项目。

3.旅游经济学:学习旅游市场、旅游投资、旅游产业链、旅游企业管理等内容,主要研究旅游经济和旅游产业的发展规律和运作方式。

4.旅游管理学:主要介绍旅游企业组织管理、人力资源管理、财务管理等内容,培养学生在旅游企业的经营管理中发挥重要作用的能力。

5.旅游法规:学习旅游行业的法律法规,熟悉旅游企业运作所需要的相关法律知识。

常见就业方向：

1.旅游企业管理，如酒店、旅行社、景区、游乐园等企业的经营管理工作。

2.旅游规划与开发，如旅游区规划、景点规划、旅游产品开发等相关工作。

3.旅游市场营销，如旅游产品推广、旅游市场调研、旅游销售等工作。

4.旅游文化传播，如旅游文化推广、旅游文化活动策划等工作。

5.旅游服务与接待，如酒店服务员、导游、客户服务等岗位。

注意事项：

看起来旅游管理专业的就业面很广，但实际上该专业的毕业生比较难找工作。考公方面，很少有单位招聘旅游管理专业毕业生；景区、景点活动策划，用人单位更爱招聘建筑、设计等专业人才；旅行社方面，不是做销售就是当导游。旅游管理专业就业率较低，转行率高。

0120902 酒店管理

酒店管理并不意味着做前台、服务员等工作，看不见的后台管理，才是酒店管理专业研究的内容。

是什么？

酒店管理专业是旅游管理大类下的一个专业，主要培养具有酒店管理专业知识和职业技能的高级应用型人才。这些人才可以在酒店、宾馆、餐饮企业等相关领域从事酒店管理、餐饮管理、客房管理、前台管理等工作。通俗地说，酒店管理是通过人员管理提升服务质量，让酒店经营得越来越好。

学什么？

酒店管理专业主要学习内容：

1.酒店管理学：包括酒店组织架构、酒店管理模式、酒店服务流程等。

2.酒店会计学：包括酒店会计的原则、方法和程序等。

3.酒店营销学：包括酒店品牌定位、市场调研、销售策略等。

4.餐饮管理学：包括餐饮服务流程、餐饮销售策略、餐厅经营管理等。

5.酒店服务学：包括酒店服务的原则、酒店客房服务、酒店餐饮服务等。

常见就业方向：

1.在酒店行业担任前台接待员、客房服务员、餐饮服务员、销售主管、营销经理、财务主管、行政主管、总经理等职位。

2.在旅游行业担任导游、旅游顾问、旅游产品经理、旅游销售代表等职位。

3.在会展行业担任会展主管、会展策划、会展执行等职位。

4.在咨询公司担任酒店咨询顾问，为酒店业提供专业的管理咨询服务。

5.在物业管理公司担任物业经理、物业运营主管等职位。

注意事项：

1.职业酒店经理人被誉为"21世纪十大黄金职业"之一。酒店行业的入门级岗位数量多，薪资待遇较低，但其高管薪资水平高于其他行业高管。

2.酒店管理专业培养的是管理型人才，要真正做管理层，需要了解酒店各个岗位的情况，因此需要从基层开始轮岗。

3.英语水平高的人更适合做酒店行业，因为英语水平决定你能不能从事国际酒店之类的工作。

第五天

第六天

大学专业选科要求

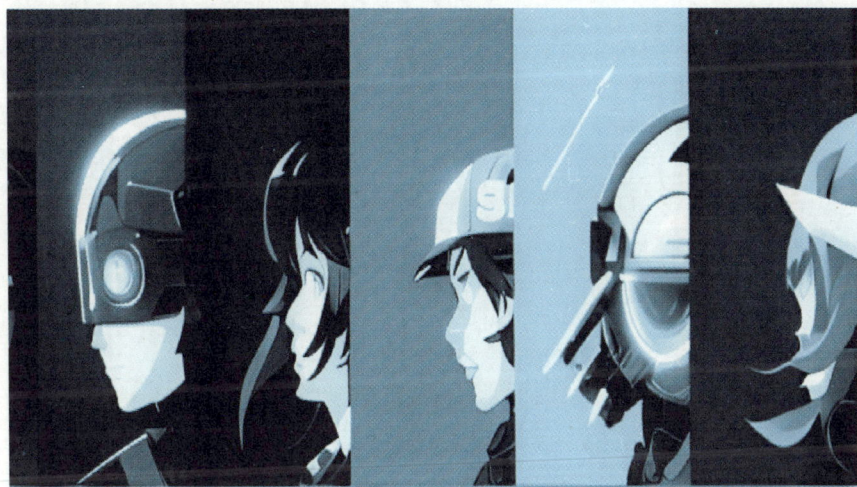

1 选科指引文件使用

教育部办公厅关于印发《普通高校本科招生专业选考科目
要求指引(通用版)》的通知

各省、自治区、直辖市高等学校招生委员会、教育厅(教委),新疆生产建设
兵团教育局,有关部门(单位)教育司(局),部属各高等学校、部省合建各高等
学校:

按照《国务院关于深化考试招生制度改革的实施意见》(国发〔2014〕35号)
部署,2014年以来,部分省份启动实施了高考综合改革,探索基于统一高考和高
中学业水平考试成绩并参考综合素质评价的多元录取机制。为进一步引导学
生在中学阶段加强相关基础学科的学习并强化省际间统筹协调,我部组织各专
业类教学指导委员会、相关省市、高校及中学等有关方面进行专题调研,对《普
通高校本科招生专业选考科目要求指引(试行)》和《普通高校本科招生专业选
考科目要求指引(3+1+2模式)》进行了整合优化,形成了《普通高校本科招生专
业选考科目要求指引(通用版)》(以下简称《指引》)。现印发给你们,请遵照执
行。《指引》从高考综合改革省份2021年秋季入学的高一新生开始实行,适用于
北京市、天津市、河北省、辽宁省、上海市、江苏省、浙江省、福建省、山东省、湖北
省、湖南省、广东省、海南省、重庆市及后续启动高考综合改革的省份。

请各省级教育行政部门和有关部门(单位)教育司(局)迅速将本通知转发
至所属高校,并指导做好相关工作。有关高校要高度重视,由校领导牵头组成
专门工作组,广泛征求学院和专家意见,确定各专业(类)选考科目要求。选考
科目要求须经学校学术委员会审议、校长办公会或党委常委会批准后上报。有
关高校同一专业(类)在所有实行高考综合改革省份的选考科目要求应当一致,
一经公布,不得擅自变更。

2 《普通高校本科招生专业选考科目要求指引(通用版)》

1.适用范围

"3+3"选考模式：上海、北京、山东、浙江、天津、海南。

"3+1+2"选考模式：河北、辽宁、江苏、福建、湖北、湖南、广东、重庆、黑龙江、甘肃、吉林、安徽、江西、贵州、广西、山西、河南、陕西、内蒙古、四川、云南、宁夏、青海等。

(2024年及之后年份高考的学生)

2.指引结构

■表示某专业类必须提该科目要求,□为非必选。

示例:

临床医学专业:

本科专业类	内设专业	科目范围一 (提1门或不提)	科目范围二 (最多提2门或 不提,在浙江可 增选技术)
临床医学类	临床医学,麻醉学,医学影像学,眼视光医学,精神医学,放射医学,儿科学	■物理	■化学□生物

高校选科要求:范围一标出 ■物理,表示本专业类必须选择物理。

范围二标出 ■化学,表示本专业类必须选择化学。

范围二标出 □生物,表示本专业有的学校要求生物,有的学校不做要求。所以,有的学校"临床医学类"要求物+化+生,有的学校要求物+化即可。若高校部分特色专业确有特殊选拔要求,需突破《指引》范围,可向学校主管部门申请,并按程序报审。

高校按专业从科目范围一、二中提出选考科目要求，□表示某专业类可提该科目要求，■表示某专业类必须提该科目要求。若高校对某专业类所列科目均未选择，表示该专业类对所列科目无选考要求。

序号	学科门类	本科专业类	内设专业	科目范围一（提1门或不提）	科目范围二（最多提2门或不提，在浙江可增选技术）
1	哲学	哲学类	哲学，逻辑学，宗教学，伦理学	□物理 □历史	□政治 □地理 □化学 □生物
2	经济学	经济学类	经济学，国民经济管理，资源与环境经济学，商务经济学，能源经济，劳动经济学	□物理 □历史	□政治 □地理 □化学 □生物
			经济统计学，经济工程，数字经济	■物理	□政治 □地理 □化学 □生物
3		财政学类	财政学，税收学	□物理 □历史	□政治 □地理 □化学 □生物
4		金融学类	金融学，保险学，投资学，信用管理，经济与金融，互联网金融	□物理 □历史	□政治 □地理 □化学 □生物
			金融工程，金融数学，精算学，金融科技	■物理	□政治 □地理 □化学 □生物
5		经济与贸易类	国际经济与贸易，贸易经济	□物理 □历史	□政治 □地理 □化学 □生物

第六天

续　表

序号	学科门类	本科专业类	内设专业	科目范围一 (提1门或不提)	科目范围二 (最多提2门或不提,在浙江可增选技术)
6	法学	法学类	法学,知识产权,监狱学,信用风险管理与法律防控,国际经贸规则,司法警察学,社区矫正	□物理 □历史	□政治
7		政治学类	政治学与行政学,国际政治,外交学,国际事务与国际关系,政治学,经济学与哲学,国际组织与全球治理	□物理 □历史	■政治 □地理
8		社会学类	社会学,社会工作,人类学,女性学,家政学,老年学,社会政策	□物理 □历史	□政治 □地理 □化学 □生物
9		民族学类	民族学	■历史	□政治 □地理
10		马克思主义理论类	科学社会主义,中国共产党历史,思想政治教育,马克思主义理论	□物理 □历史	■政治
11		公安学类	治安学,侦查学,边防管理,警犬技术,经济犯罪侦查,公安管理学,涉外警务,国内安全保卫,警卫学,公安情报学,犯罪学,边防指挥,消防指挥,警务指挥与战术,技术侦查学,海警执法,公安政治工作,移民管理,出入境管理,反恐警务,消防政治工作	□物理 □历史	■政治 □地理 □化学 □生物

续　表

序号	学科门类	本科专业类	内设专业	科目范围一（提1门或不提）	科目范围二（最多提2门或不提，在浙江可增选技术）
12		教育学类	教育学,科学教育,人文教育,艺术教育,学前教育,小学教育,特殊教育,华文教育,教育康复学,卫生教育,认知科学与技术,融合教育	□物理 □历史	□政治 □地理 □化学 □生物
			教育技术学	■物理	□政治 □地理 □化学 □生物
13	教育学	体育学类	体育教育,运动训练,社会体育指导与管理,武术与民族传统体育,运动人体科学,运动康复,休闲体育,体能训练,冰雪运动,电子竞技运动与管理,智能体育工程,体育旅游,运动能力开发	□物理 □历史	□生物 □地理 □化学
13		体育学类	体育教育,运动训练,社会体育指导与管理,武术与民族传统体育,运动人体科学,运动康复,休闲体育,体能训练,冰雪运动,电子竞技运动与管理,智能体育工程,体育旅游,运动能力开发	□物理 □历史	□生物 □地理 □化学
14	文学	中国语言文学类	汉语言文学,汉语言,汉语国际教育,中国少数民族语言文学,古典文献学,应用语言学,秘书学,中国语言与文化,手语翻译	□物理 □历史	□政治 □地理 □化学 □生物

续表

序号	学科门类	本科专业类	内设专业	科目范围一（提1门或不提）	科目范围二（最多提2门或不提，在浙江可增选技术）
15	文学	外国语言文学类	英语，俄语，德语，法语，西班牙语，阿拉伯语，日语，波斯语，朝鲜语，菲律宾语，梵语巴利语，印度尼西亚语，印地语，柬埔寨语，老挝语，缅甸语，马来语，蒙古语，僧伽罗语，泰语，乌尔都语，希伯来语，越南语，斯瓦希里语，阿尔巴尼亚语，保加利亚语，波兰语，瑞典语，捷克语，斯洛伐克语，罗马尼亚语，匈牙利语，意大利语，塞尔维亚语，土耳其语，希腊语，孟加拉语，尼泊尔语，克罗地亚语，普什图语，芬兰语，乌克兰语，挪威语，丹麦语，冰岛语，荷兰语，世界语，立陶宛语，斯洛文尼亚语，爱沙尼亚语，马耳他语，哈萨克语，乌兹别克语，祖鲁语，拉丁语，翻译，商务英语，阿姆哈拉语，吉尔吉斯语，索马里语，土库曼语，加泰罗尼亚语，约鲁巴语，亚美尼亚语，马达加斯加语，格鲁吉亚语，阿塞拜疆语，阿非利卡语，塔吉克语，马其顿语，克里奥尔语，豪萨语，恩德贝莱语，科摩罗语，白俄罗斯语，毛利语，汤加语，萨摩亚语，绍纳语，提格雷尼亚语，库尔德语，比斯拉马语，隆迪语，德顿语，卢森堡语，德维希语，斐济语，纽埃语，库克群岛毛利语，皮金语，切瓦语，塞苏陀语，语言学，塔玛齐格特语，爪哇语，旁遮普语	□物理 □历史	□政治 □地理 □化学 □生物

续 表

序号	学科门类	本科专业类	内设专业	科目范围一（提1门或不提）	科目范围二（最多提2门或不提，在浙江可不提，在浙选可增选技术）
16	文学	新闻传播学类	新闻学，广播电视学，广告学，传播学，编辑出版学，网络与新媒体，数字出版，时尚传播，国际新闻与传播，会展	□物理 □历史	□政治 □地理 □化学 □生物
17	历史学	历史学类	历史学，世界史，考古学，文物与博物馆学，外国历史，文化遗产，古文字学	□物理 □历史	□政治 □地理 □化学 □生物
			文物保护技术	□物理 □历史	■化学 □生物
18	理学	数学类	数学与应用数学，信息与计算科学，数理基础科学	■物理	■化学
19		物理学类	物理学，应用物理学，核物理，声学，系统科学与工程，量子信息科学	■物理	■化学 □生物
20		化学类	化学，应用化学，化学生物学，分子科学与工程，能源化学，化学测量学与技术	■物理	■化学 □生物
21		天文学类	天文学	■物理	■化学 □地理

续 表

序号	学科门类	本科专业类	内设专业	科目范围一（提1门或不提）	科目范围二（最多提2门或不提，在浙江可增选技术）
22	理学	地理科学类	地理科学，自然地理与资源环境，人文地理与城乡规划，地理信息科学	□物理 □历史	□地理 □化学 □政治 □生物（至少选1门）
23		大气科学类	大气科学，应用气象学，气象技术与工程	■物理	■化学 □生物 □地理
24		海洋科学类	海洋科学，海洋技术，海洋资源与环境，军事海洋学	■物理	■化学 □生物 □地理
25		地球物理学类	地球物理学，空间科学与技术，防灾减灾科学与工程	■物理	■化学 □生物 □地理
26		地质学类	地质学，地球化学，地球信息科学与技术，古生物学	■物理	■化学 □生物 □地理
27		生物科学类	生物科学，生物技术，生物信息学，生态学，整合科学，神经科学	■物理	■化学 □生物
28		心理学类	心理学，应用心理学	□物理 □历史	□政治 □地理 □化学 □生物

续 表

序号	学科门类	本科专业类	内设专业	科目范围一 （提1门或不提）	科目范围二 （最多提2门或不提，在浙江可增选技术）
29	理学	统计学类	统计学,应用统计学	■物理	■化学
30		力学类	理论与应用力学,工程力学	■物理	■化学
31	工学	机械类	机械工程,机械设计制造及其自动化,材料成型及控制工程,机械电子工程,工业设计,过程装备与控制工程,车辆工程,汽车服务工程,机械工艺技术,微机电系统工程,机电技术教育,汽车维修工程,智能制造工程,智能车辆工程,仿生科学与工程,新能源汽车工程,增材制造工程,智能交互设计,应急装备技术与工程	■物理	
32		仪器类	测控技术与仪器,精密仪器,智能感知工程	■物理	■化学□生物
33		材料类	材料科学与工程,材料物理,材料化学,冶金工程,金属材料工程,无机非金属材料工程,高分子材料与工程,复合材料与工程,粉体材料科学与工程,宝石及材料工艺学,焊接技术与工程,功能材料,纳米材料与技术,新能源材料与器件,材料设计科学与工程,复合材料成型工程,智能材料与结构	■物理	■化学□生物

续　表

序号	学科门类	本科专业类	内设专业	科目范围一 (提1门或不提)	科目范围二 (最多提2门或 不提,在浙江可 增选技术)
34	工学	能源动力类	能源与动力工程,能源与环境系统工程,新能源科学与工程,储能科学与工程,能源服务工程	■物理	■化学 □生物
35		电气类	电气工程及其自动化,智能电网信息工程,光源与照明,电气工程与智能电控,电机电器智能化,能源互联网工程	■物理	■化学 □生物
36		电子信息类	电子信息工程,电子科学与技术,通信工程,微电子科学与工程,光电信息科学与工程,信息工程,广播电视工程,水声工程,电子封装技术,集成电路设计与集成系统,医学信息工程,电磁场与无线技术,电波传播与天线,电子信息科学与技术,电信工程及管理,应用电子技术教育,人工智能,海洋信息工程,柔性电子学,智能测控工程	■物理	■化学 □生物
37		自动化类	自动化,轨道交通信号与控制,机器人工程,邮政工程,核电技术与控制,智能装备与系统,工业智能,智能工程与创意设计	■物理	■化学 □生物

续 表

序号	学科门类	本科专业类	内设专业	科目范围一（提1门或不提）	科目范围二（最多提2门或不提，在浙江可不提，增选技术）
38	工学	计算机类	计算机科学与技术，软件工程，网络工程，信息安全，空间信息与数字技术，电子与计算机工程，数据科学与大数据技术，网络空间安全，新媒体技术，电影制作，保密技术，服务科学与工程，虚拟现实技术，区块链工程，密码科学与技术	■物理	■化学 □生物
39		土木类	土木工程，建筑环境与能源应用工程，给排水科学与工程，建筑电气与智能化，城市地下空间工程，道路桥梁与渡河工程，铁道工程，智能建造，土木、水利与海洋工程，土木水利与交通工程，城市水系统工程	■物理	■化学 □生物 □地理
40		水利类	水利水电工程，水文与水资源工程，港口航道与海岸工程，水务工程，水利科学与工程	■物理	■化学 □生物 □地理
41		测绘类	测绘工程，遥感科学与技术，导航工程，地理国情监测，地理空间信息工程	■物理	■化学 □地理
42		化工与制药类	化学工程与工艺，制药工程，资源循环科学与工程，能源化学工程，化学工程与工业生物工程，化工安全工程，涂料工程，精细化工	■物理	■化学 □生物

续 表

序号	学科门类	本科专业类	内设专业	科目范围一 (提1门或不提)	科目范围二 (最多提2门或 不提,在浙江可 增选技术)
43	工学	地质类	地质工程,勘查技术与工程,资源勘查工程,地下水科学与工程,旅游地学与规划工程	■物理	■化学 □地理
44		矿业类	采矿工程,石油工程,矿物加工工程,油气储运工程,矿物资源工程,海洋油气工程,智能采矿工程	■物理	■化学 □地理
45		纺织类	服装设计与工程,服装设计与工艺教育,丝绸设计与工程 纺织工程,非织造材料与工程	□物理 □历史	□化学 □生物
46		轻工类	轻化工程,包装工程,印刷工程,香料香精技术与工程,化妆品技术与工程	■物理	■化学
47		交通运输类	交通运输,交通工程,航海技术,轮机工程,飞行技术,交通设备与控制工程,救助与打捞工程,船舶电子电气工程,轨道交通电气与控制,邮轮工程与管理,智慧交通	■物理	■化学
48		海洋工程类	船舶与海洋工程,海洋工程与技术,海洋资源开发技术,海洋机器人	■物理	■化学 □地理 ■化学 □生物 □地理

续　表

序号	学科门类	本科专业类	内设专业	科目范围一（提1门或不提）	科目范围二（最多提2门或不提，在浙江可增选技术）
49	工学	航空航天类	航空航天工程,飞行器设计与工程,飞行器制造工程,飞行器动力工程,飞行器环境与生命保障工程,飞行器质量与可靠性,飞行器适航技术,飞行器控制与信息工程,无人驾驶航空器系统工程,智能飞行器技术	■物理	■化学□生物
50		兵器类	武器系统与工程,武器发射工程,探测制导与控制技术,弹药工程与爆炸技术,特种能源技术与工程,装甲车辆工程,信息对抗技术,智能无人系统技术	■物理	■化学□生物
51		核工程类	核工程与核技术,辐射防护与核安全,工程物理,核化工与核燃料工程	■物理	■化学□生物
52		农业工程类	农业工程,农业机械化及其自动化,农业电气化,农业建筑环境与能源工程,农业水利工程,土地整治工程,智能装备工程	■物理	■化学□生物
53		林业工程类	森林工程,木材科学与工程,林产化工,家具设计与工程	■物理	■化学□生物

第六天

续　表

序号	学科门类	本科专业类	内设专业	科目范围一 （提1门或不提）	科目范围二 （最多提2门或 不提；在浙江可 增选技术）
54	工学	环境科学与工程类	环境科学与工程,环境工程,环境科学,环境生态工程,环保设备工程,资源环境科学,水质科学与技术	■物理	■化学 □生物
55		生物医学工程类	生物医学工程,假肢矫形工程技术,临床工程技术,康复工程	■物理	■化学 □生物
56		食品科学与工程类	食品科学与工程,粮食工程,乳品工程,酿酒工程,葡萄与葡萄酒工程,食品安全与检测,食用菌科学与工程,白酒酿造工程	■物理	■化学 □生物
57		建筑类	食品质量与安全,食品营养与检验教育,烹饪与营养教育,食品营养与健康 建筑学,城乡规划,风景园林,历史建筑保护工程,人居环境科学与技术,城市设计,智慧建筑与建造	□化学 □生物 （至少选1门） ■物理 □物理 □历史	□政治 □地理 □化学 □生物
58		安全科学与工程类	安全工程,应急技术与管理,职业卫生工程	■物理	■化学 □生物
59		生物工程类	生物工程,生物制药,合成生物学	■物理	■化学 □生物

续　表

序号	学科门类	本科专业类	内设专业	科目范围一 （提1门或不提）	科目范围二 （最多提2门或 不提，在浙江可 增选技术）
60	工学	公安技术类	刑事科学技术，消防工程，交通管理工程，安全防范工程，公安视听技术，抢险救援指挥与技术，火灾勘查，网络安全与执法，核生化消防，海警舰艇指挥与技术，数据警务技术，食品药品环境犯罪侦查技术	■物理	■化学□政治 □生物
61	农学	植物生产类	农学，园艺，植物保护，植物科学与技术，种子科学与工程，设施农业科学与工程，茶学，烟草，应用生物科学，农艺教育，园艺教育，智慧农业，菌物科学与工程，农药化肥，生物农药科学与工程	■物理	■化学□生物
62		自然保护与环境生态类	农业资源与环境，野生动物与自然保护区管理，水土保持与荒漠化防治，生物质科学与工程，土地科学与技术	■物理	■化学□生物 □地理
63		动物生产类	动物科学，蚕学，蜂学，经济动物学，马业科学，饲料工程，智慧牧业科学与工程	■物理	■化学□生物
64		动物医学类	动物医学，动物药学，动植物检疫，实验动物学，中兽医学，兽医公共卫生。	■物理	■化学□生物

续　表

序号	学科门类	本科专业类	内设专业	科目范围一 （提1门或不提）	科目范围二 （最多提2门或不提，在浙江可增选技术）
65	农学	林学类	林学，森林保护，经济林	■物理	■化学 □生物
66			园林	□物理 □历史	■生物 □化学
67		水产类	水产养殖学，海洋渔业科学与技术，水族科学与技术，水生动物医学	■物理	■化学 □生物
68		草学类	草业科学，草坪科学与工程	■物理	■化学 □生物
69	医学	基础医学类	基础医学，生物医学，生物医学科学	■物理	■化学 □生物
70		临床医学类	临床医学，麻醉学，医学影像学，眼视光医学，精神医学，放射医学，儿科学	■物理	■化学 □生物
71		口腔医学类	口腔医学	■物理	■化学 □生物
		公共卫生与预防医学类	预防医学，食品卫生与营养学，妇幼保健医学，卫生监督，全球健康学，运动与公共健康	■物理	■化学 □生物

续 表

序号	学科门类	本科专业类	内设专业	科目范围一 （提1门或不提）	科目范围二 （最多提2门或 不提，在浙江可 增选技术）
72	医学	中医学类	中医学，针灸推拿学，藏医学，蒙医学，维医学，壮医学，哈医学，傣医学，回医学，中医康复学，中医养生学，中医儿科学，中医骨伤科学	■物理	□化学 □生物 （至少选1门）
73		中西医结合类	中西医临床医学	■物理	□化学 □生物 （至少选1门）
74		药学类	药学，药物制剂，临床药学，药物分析，药物化学，海洋药学，化妆品科学与技术	■物理	■化学 □生物
			药事管理	□物理 □历史	□化学 □生物 （至少选1门）
75		中药学类	中药学，中药资源与开发，藏药学，蒙药学，中药制药，中草药栽培与鉴定	■物理	■化学 □生物
76		法医学类	法医学	■物理	■化学 □生物

续表

序号	学科门类	本科专业类	内设专业	科目范围一（提1门或不提）	科目范围二（最多提2门或不提，在浙江可增选技术）
77	医学	医学技术类	医学检验技术，医学实验技术，医学影像技术，眼视光学，康复治疗学，口腔医学技术，卫生检验与检疫，听力与言语康复学，康复物理治疗，康复作业治疗，智能医学工程，生物医药数据科学，智能影像工程	■物理	■化学 □生物
78		护理学类	护理学，助产学	□物理 □历史	□化学 □生物（至少选1门）
79	管理学	管理科学与工程类	管理科学，信息管理与信息系统，工程管理，房地产开发与管理，工程造价，保密管理，邮政管理，大数据管理与应用，工程审计，计算机金融，应急管理	■物理	□政治 □地理 □化学 □生物
80		工商管理类	工商管理，市场营销，会计学，财务管理，国际商务，人力资源管理，审计学，资产评估，物业管理，文化产业管理，劳动关系，体育经济与管理，财务会计教育，市场营销教育，零售业管理，创业管理	□物理 □历史	□政治 □地理 □化学 □生物
81		农业经济管理类	农林经济管理，农村区域发展	□物理 □历史	□政治 □地理 □化学 □生物

续　表

序号	学科门类	本科专业类	内设专业	科目范围一（提1门或不提）	科目范围二（最多提2门或不提，在浙江可增选技术）
82	管理学	公共管理类	公共事业管理，行政管理，劳动与社会保障，土地资源管理，城市管理，海关管理，交通管理，海事管理，公共关系学，健康服务与管理，海警后勤管理，医疗产品管理，医疗保险，养老服务管理，海关检验检疫安全，海外安全管理，自然资源登记与管理	□物理 □历史	□政治 □地理 □化学 □生物
83		图书情报与档案管理类	图书馆学，档案学，信息资源管理	□物理 □历史	□政治 □地理 □化学 □生物
84		物流管理与工程类	物流管理，采购管理，供应链管理	□物理 □历史	□政治 □地理 □化学 □生物
			物流工程	■物理	□政治 □地理 □化学 □生物
85		工业工程类	工业工程，标准化工程，质量管理工程	■物理	□政治 □地理 □化学 □生物
86		电子商务类	电子商务，电子商务及法律，跨境电子商务	□物理（授工学学位必选） □历史	□政治 □地理 □化学 □生物

第六天

续　表

序号	学科门类	本科专业类	内设专业	科目范围一 (提1门或不提)	科目范围二 (最多提2门或 不提,在浙江可 增选技术)
87	管理学	旅游管理类	旅游管理,酒店管理,会展经济与管理,旅游管理与服务教育	□物理 □历史	□政治　□地理 □化学　□生物
88	艺术学	艺术学理论类	艺术史论,艺术管理,非物质文化遗产保护	□物理 □历史	□政治　□地理 □化学　□生物
89		音乐与舞蹈学类	音乐表演,音乐学,作曲与作曲技术理论,舞蹈表演,舞蹈学,舞蹈编导,舞蹈教育,航空服务艺术与管理,流行音乐,音乐治疗,流行舞蹈,音乐教育	□物理 □历史	□政治　□地理 □化学　□生物
90		戏剧与影视学类	表演,戏剧学,电影学,戏剧影视文学,广播电视编导,戏剧影视导演,戏剧影视美术设计,录音艺术,播音与主持艺术,动画,影视摄影与制作,影视技术,戏剧教育	□物理 □历史	□政治　□地理 □化学　□生物
91		美术学类	美术学,绘画,雕塑,摄影,书法学,中国画,实验艺术,跨媒体艺术,文物保护与修复,漫画,纤维艺术	□物理 □历史	□政治　□地理 □化学　□生物
92		设计学类	艺术设计学,视觉传达设计,环境设计,产品设计,服装与服饰设计,公共艺术,工艺美术,数字媒体艺术,艺术与科技,陶瓷艺术设计,新媒体艺术设计,包装设计	□物理 □历史	□政治　□地理 □化学　□生物

第七天

选科之后的经验谈

1 分数不理想，可以逆袭

很多家长和孩子一直以来都没有意识到，高中阶段分数不理想的学生提分空间比"学霸"大。分数越是低，提升空间越大，而且提升的窗口期就是高三一年的时间。如果这个阶段家长和孩子认同成绩就是不好，开始躺平，那么孩子的未来是堪忧的。没有不想当"学霸"的学生，他们都想考个好大学。家长呢，更是希望孩子有出息。分数不理想，并不可怕，甚至在某种程度上说，逆袭是非常有可能的。我认为有四点原因：

一是心理预期不同。一个示范性高中实验班的"学霸"，一次模拟考数学考了 148 分，伤心得跟考不上大学似的，因为他本来可以不丢这两分。而对于分数不理想的孩子，提多少分对他来说都是进步。努力—提分—开心，然后更努力—提分更多—更开心！一直这么正向激励，高三一年就像短跑冲刺。这股劲使出来，形成良性循环，成绩一定会节节提高。

二是"学霸"不是天才。我们现在所说的"学霸"，不都是天才。很多家长觉得"学霸"分数高，那一定是他智商更高，更懂事，更用功。实际上，大多数孩子的智商没有太大差距，大多数"学霸"也只是某一个阶段用对了学习方法的普通孩子。因此，你的孩子和"学霸"之间，主要是差一套正确的学习方法。找到对的学习方法便会事半功倍，提高成绩是必然的。

三是逆反心理。不少家长都爱说一句话："我家孩子很聪明，但他就是不学。"这句话不全对。不是孩子不学，是他不知道怎么学和为什么学。你跟孩子天天说要好好学习，将来会有出息。因为孩子成绩差就去批评他，他会怎么样？孩子看不到你说的有出息是什么样，没着没落地天天挨批评，能受得了吗？所以家长和孩子一旦沟通不畅，孩子逆反就是必然的事。

怎么解决这个问题？其实很简单，学会与孩子沟通。孩子好，家长便高兴；反过来，家长好，孩子心态也好。高考不应是孩子一个人单兵作战，而应是一个家庭团结合作。有些家长总说，你看看别人家的孩子，那么我要提醒这些家长，你也看看别人家的家长。如果你能变成"学霸"家长的样子,你的孩子离"学霸"也就不远了。

四是上升空间。 有些投资人,往往会去投一些看似毫不起眼的初创公司。为什么呢? 因为有些初创公司未来有无限的可能,有更多机会。投资公司和培养孩子一样,只要把控好方式方法,有足够的投入,上升空间是非常可观的。我们要相信,每一个考两三百分的孩子都是考五六百分的苗子。

2 提前学习的重要性

为什么需要提前学习？高中教材内容应该三年学完，但是学生要参加高考，教材基本都是用两年，甚至一年半就学完了。试想一下，这样安排教学内容多紧，知识密度多大，这节课内容还没消化完，下节课就又教新知识了。没有提前学习的学生往往处于跟不上的状态，留下一堆问题，等到高三一轮复习的时候全摆在桌面上。所以，接下来的内容要告诉大家，如何把提前学习做到极致。

提前学习比考得差之后再补习更重要，主要有三个原因：

第一，提前学习（预科）。预科的作用就是先带孩子学习下个学期的内容，提前过一遍。简单的内容，孩子脑子里有印象；有难度的内容，因为是第一次学，也不会出现太复杂的试题。这样回到学校，老师讲到简单的，孩子都会；讲到难度大的，孩子知道难在哪。于是，孩子可以把注意力全放在有难度的内容上，这样学得不累，效果还好。

第二，预科内容不难。提前过一遍知识点，做几道基础题，不需要详细讲授，也不需要一对一辅导。学基础知识，看网上免费直播课程，或者成套的基础课系列视频就可以。

第三，预科效果明显。没有孩子不喜欢高分数，也没有孩子不喜欢被老师和家长夸奖。第一次考试分数高，会极大地调动孩子的学习热情，尝过高分的甜头之后，如果分数下降，不用家长说，孩子也会想办法提高。

3 提前学习的时间从哪来

提前学习的时间最好是寒假、暑假。如果你现在已经荒废了一两个假期的学习时间，不必焦虑，只要肯努力，任何时候开始都不算晚。实际上，在校时间如果利用合理，可以挤出大量时间用于课后提前学习。

如何"压榨"上课时间？

听课分为两种情况：老师讲课你能听懂，老师讲课你听不懂。

如果基础还不错，老师讲课你能听懂，一定要认真听课。不过一节课45分钟，精力百分之百集中的也就20分钟左右。一节课从头到尾全神贯注地听下来几乎不可能，时有溜号走神。不用说学生，老师也很难45分钟全程输出"干货"。若一节课全是重点，就等于没有重点。为什么"学霸"上课的时候也走神，但是人家成绩就是好？因为"学霸"有方法啊！"学霸"会把一节课中最有用的20分钟听全了，这20分钟内容分为基础部分和拔高部分。基础部分通过提前学习已经会得差不多了，捎带听一遍加深印象就行，注意力主要放在剩下的拔高部分，也就十来分钟。"学霸"在课堂上都是有重点地听课。

怎么能知道老师什么时候讲重点？老师跟你说"注意"的时候，敲黑板的时候，开始讲例题，尤其是讲改编题的时候，都是准备讲重点。如果是高一、高二，重点听全了，老师安排剩余时间复习本课内容，这个时间可以提前做教材上的课后习题，或者练习册上本节课的题目。因为当天的作业大概率就是这些。如果是高三，重点听全了，你也可以做其他作业。一节课抠出20分钟，一天8节课就能抠出160分钟，合两个半小时多，即你今天多了两个半小时用于提前学习明天的内容和重点复习自己薄弱的部分。明天的课由于你提前学习了，又可以节省更多的时间。久而久之，良性循环，你就和"学霸"一样，上课不累，成绩还稳步提升。

对于基础较差的学生，老师讲课你已经听不懂了，这种情况一般发生在高三。因为高一、高二一直在讲新的基础性内容,很难会有完全听不懂的情况。常见的情况是之前的内容没学好,导致进阶的内容学起来吃力,那么可以按照前文说的方法,把提前学习的时间用于补习之前的漏洞。高三阶段开始综合复习,基础较差的学生需尽快补上知识漏洞。

如何"压榨"放学后的时间?

这里我建议有条件走读的,就走读。因为住校会统一熄灯,但走读自己可以在家多学一会儿。当然,走读生也不需要悬梁刺股,整宿不睡觉,每天多学一个小时就可以。这样加上上课"压榨"的时间,一天可以多出近4个小时提前学习。这条建议尤其适合那种写作业慢的孩子。前期苦一点,需要花一周、两周,甚至一个月时间去适应。等到慢慢跟上来了,你会发现富余的时间越来越多,提升越来越快,还能省出更多时间,形成良性循环。

哪些时间不能"压榨"?

我非常不提倡上下学路上、上厕所、中午排队打饭的时候,手里都拿个小册子背单词。我们是想考个好大学,但不能变成学习的机器。神经一直这么紧绷,学习压力真的很大。学得越多,可能提升的效果越差。这就好像上学的时候偷偷摸摸打一次游戏,能开心一整天,但是等自己有电脑能随便玩了,反而越玩越觉得没意思。这种情况就叫边际递减效应。所以,我建议孩子们吃饭就好好吃,出门玩就好好玩,睡觉就好好睡,充分的休息是为了更高效地学习。

高三如何"压榨"时间?

刚才说的都是从微观尺度进行时间规划,现在我们把视角从一天变为高三一年,从宏观尺度再来看看如何合理分配时间。我有一个建议:二轮复习提前。高三复习往往分为一轮、二轮、三轮,一轮复习带你扫一遍高中所有知识点,告诉你知识点都有什么;二轮复习开始刷题,告诉你高考考什么和怎么考;三轮复习就是模拟冲刺,查漏补缺。

第
七
天

一轮复习要学的知识点特别多，带来的后果就是忘的也多。假如一轮复习一共出现 10000 个知识点，高考真正考的也就 1000 个，常考的 500 个。这 500 个知识点你有问题的可能有 400 个。只要解决这 400 个，分数就提上来了。但是，你不知道这有问题的 400 个知识点是哪些。一轮复习的时候，你可能把很多时间花在剩下的那 9600 个知识点上，你听课了，记笔记了，背书了，结果你掌握的这些知识点高考不考。这就是为什么有些人如此努力，成绩却没有明显提升。

去哪儿能找到这 400 个重点？做高考真题就行了，真题里的知识点肯定是重点。高三什么时候开始刷高考真题？二轮复习。现在你知道为什么要把二轮复习提前了吧。边边角角的知识点，不是没用，那是冲名校冲满分用的。成绩不理想时，我们的目标就是在最短的时间内，通过做真题知道高考常考的知识点，然后有针对性地复习补充，把有问题的 400 个知识点吃透，就成功一大半了。

二轮复习既然提前了，高三前的暑假就成了提前学习的黄金时期，这 20 来天要提前开始一轮扫盲。不需要补课和上网课，这一阶段就是知识点扫盲，手里有一本好的教辅就足够把每一科的重点知识过一遍，并且知道自己的问题在哪里。开学后直接找老师把问题全搞懂，就能在别人一轮复习刚开始的时候，提前进入二轮刷题了。一轮复习一般是三个月，这样你能直接领先别人两个月，等到高三上半学期的寒假，别人还在刷题，你已经可以提前进入三轮复习做模拟卷了。过完年回来一模考试，别人还在苦恼答不完题，你已经开始研究怎么分配各题型时间了。这样，你的成绩会爆发式上升，自信心瞬间就上来了。

4 什么是结果导向思维

高中阶段，不管基础如何，不管是日常学习还是考试，立马能拿来用的学习思维，就叫作结果导向思维。

什么是结果导向？ 2021年，我在一名老师公开课中第一次听到这个概念，觉得很有道理，后来在实践中跟我的学生一起尝试了半年，试验效果不错，在这里分享给大家。

与结果导向相对应的是过程导向。 过程导向，就是跟着老师走，老师教什么就学什么，老师让刷题就刷题。在学习过程中，刷题就是为了刷题，背书就是为了背书，学习的目的只是做到"我在学习"。这就是大多数人不管是学习还是做事都会有的过程导向，只在乎自己是不是在做事，问心无愧就行，而不关注带来的结果怎么样。

结果导向是指任何事情都从结果出发去考虑，然后再去找达到这个结果每一步都需要做什么，只做有用的事，用最短的时间完成目标。 我们经常说的应试思维就是结果导向，哪怕知识点不全会，能把分数提上去的方法都可以用。

这一点上过大学的人肯定深有体会。有些大学生为了不挂科，用几天时间突击复习就能考六七十分。这是怎么做到的？第一步，找老师画重点，或者问"学霸"，知道考试重点要考哪些内容；第二步，找到分值最大、拿分最容易的板块；第三步，找解题思路和答题模板，因为每类问题都有固定解法；第四步，必要时死记硬背。这就是真实的结果导向的例子，能用最短的时间争取最好的结果。高考最后拼的不也是分数吗？所以，我们可以把结果导向直接搬到高中来用。具体做法很简单，就是前面讲的提前学习，但最重要的是要纠正你的思维方式。

高一、高二时，老师主要是讲解知识点，让你听明白。临近高考时，老师的作用变得单一,主要给你解答问题。所以一旦有问题,一定要勇敢地问老师,没有老师不喜欢努力学习的孩子。当然,一定要有发现问题的能力,只有你清晰地知道自己的问题是什么,老师才能给你清晰地讲解。这些能力需要我们在学习过程中不断训练提高。

讲到这里,我也许能解决一个困惑学生多年,甚至引发家庭矛盾的问题。为什么上课能听懂,做题就是不会?不从结果导向出发,你不知道自己的问题是什么,只知道上课时老师讲什么你就听什么,老师写什么你就记什么。老师输出内容的前提是对讲授的知识很熟,老师教学能力越强,讲的东西越通俗易懂,你就越觉得自己没问题,不会做题时的心理落差就越大。这好像你看屠夫杀猪,刀都不碰骨头,欻欻几下一头猪就分好了。到你自己上手呢?就会发现难得不行。老师讲的内容,好学生能跟得上,学生的水平和老师越接近,越能学到东西。中等生可能上课能听懂,但一做题就不会。面对这种情况,家长肯定觉得,老师水平这么高,不可能是教得不好,肯定是孩子偷懒不学习,于是家庭矛盾就来了。

现在你明白了,矛盾的根源不是孩子懒,而是没掌握结果导向思维。

5 结果导向思维四步法1：题型模式化

先问几个问题，随便挑一个科目，你最近的一次考试，不管是周考、月考、期中考、期末考，还是模拟考，一共分几种题型，每种题型多少分，你能得多少分，没得分的原因是什么，因马虎大意丢了几分？试题没做完扣了几分？压根不会扣了几分？因为不会没得分的试题，考的是哪个板块的内容？这个板块里的知识点你是这道题不会，还是其他题也有不会的？这张试卷哪个板块内容扣分最多？

想要回答这一串问题，需要每次考试后对照试卷进行分析，这就是题型模式化。将一张试卷拆解成几个需要解决问题的板块，具体的解决方法有很多，我认为两种方法比较好用：一科一板块、倒推法。

一科一板块

什么是一科一板块？ 比如数学试卷，选择题你错了一道函数题，大题错了几个小问，整体算下来，这张试卷函数题丢分最多。接下来一段时间，数学你就专攻函数。同理，其他学科你都可以找到除了作文之外扣分最多的板块，然后进行专题训练。

学生都有畏难心理，有几科作业同时摆在面前，肯定愿意做学得最好的那科。因为题目能做对，答案能看懂，还能通过解难题找到学习的乐趣，这样越会越爱学，越爱学越会，形成良性循环。于是，弱的科目扔到一边，偏科就出现了。但是你想想，从80分到100分，想再提高20分，就要掌握更精巧的思维，抠更多的知识点。从60分到80分，刷题就能提高20分。更弱的科目，基础全学会了，就能考60分。所以一科一板块的精髓，就是只攻当下每科最差的板块。因为这是提分最容易、效率最高的点。

不管高中几年级，只要找到最差的板块，就利用额外时间来攻克，基础有问题就背知识点,解题有问题就定向刷题,解决不了的问题就向老师问明白。一科一天,六科六天就能搞定。下次考试,再找每科最弱的板块再来六天。这就像水桶效应,一直要补最短的那块木板,整个水桶装的水才会越来越多。几次考试下来,就会形成良性循环,越学越有盼头,提分越来越快。

倒推法

倒推法是专门用来记忆知识点的,非常适合背诵困难、懒得背知识点的学生。尤其是生物、化学这种知识点又碎又多,死记硬背又很难的学科。

高一、高二第一次学习一个知识点,和高三第一次复习一个知识点其实没什么区别。按传统的过程导向思维,学习新章节的内容,第一步是把本章节的知识点全背下来。刚开始还能背一会,背到一半,有些孩子厌倦就放弃了。下次想好好学习的时候,上次背下来的知识点已经忘得差不多了,同一章节又是从头开始背,一直循环于同一部分。这就是有些孩子每天晚上都在学习,但是成绩却提升不明显的原因。即使都背下来,分数也不会太高,因为高考并不是直接考查知识点。你背的知识点只有广度没有深度,最后还是答不对题。

倒推法是什么?是去找高考常考的那些知识点。主要背高频的重点知识,其他忽略。考试的时候,主要拿重点知识的分数。我的高中数学老师跟我说过,数学试卷有120分是几乎每个人都能拿到的,中等生答卷的时候,选择填空最后一道题、第二道大题最后一问、第三道大题最后两问可先跳过,其他试题答完检查后,再回来做这几道题。高三考试就是保证会做的那些题目不丢分,偏题、难题可先放弃。这样做的结果是,比较容易考120分左右,发挥好能上135分。这就是倒推法的魅力,重点知识多花时间、多下功夫。

倒推法的具体操作步骤:

第一步,了解知识框架。框架是什么?打开一本高质量教辅,章节前面会有大纲,分析本章有几个板块,每个板块都有哪些知识点,有的还会画思维导图,方便理解。因此,我们要先精读大纲,知道本章有哪些知识点。

　　第二步，直接做题。这一步我们在题型模式化部分已经讲过，目的就是找重点。高考题里的知识点肯定是重点。重点找到了，就可以集中精力把时间花在刀刃上。

　　第三步，考点和知识点相结合。考点就是一个知识点在一道题里直接出现的考法。教材中的知识点，永远不会原封不动地出现在试题中，都会有所变化，或者隐藏在题干信息中。推导步骤越多，知识点隐藏得越深，难度就越大。这个被隐藏起来的知识点，就是重要知识点。然后，你可以对照大纲和答案解析，将知识点、考点、答案结合在一起，就知道这道题为什么你会做错。下一次再出现这种考法，你就能回忆起此时此刻的场景，"坑"也就避开了。

　　继续回到刚才的内容。比如一个章节给你列出100个知识点，你在做题时发现常考的就20个知识点，这些是非常基础的，不用背也会的有5个，需要背的只剩下15个。是不是瞬间觉得轻松多了？如果你从头开始背100个，你得背多久？然后做题的时候你再一遍一遍从头翻这100个知识点，又会浪费多长时间？一个满分100分的学科，把重要知识点都掌握了，考70分到75分并不难。等到你所有学科稳定在这个分数时，要用挤出的时间去攻克剩下的80个知识点。

　　高三一般分一轮、二轮、三轮复习，一轮复习梳理一遍教材，三轮复习教材再梳理一遍。一轮那一遍是为了多得分，三轮那一遍是为了少扣分。如果老师没把这些道理告诉你，你可能又会浪费大量的复习时间。重点都掌握了，基本能达到一本线。一本之后能到哪一步，拼的是学科思维。学习体系中那些听着很奇妙的问题，网上讲的这个学习方法、那个学习技巧，不一定人人适合。你要是觉得这个方法实施起来复杂，那就不适合你；你要是觉得实施起来简单，能缩短自己的记忆时间，那就适合你。

　　第四步，100个知识点缩小到15个，你必须通过反复训练记下来。

　　第五步，再刷题。为什么呢？因为上一次做题是找重点，然后背下来，本质上是知识的输入。但光练招式不实战，上了战场也没用，所以接下来需要一个知识输出的过程。如果只输入不输出，那考试时相当于第一次输出，会觉得很陌生,所以要找涉及这个考点的题型进行训练。这时你还要看新题目跟前面遇到的题目是不是类似考法。如果是,没问题,多做几道加深印象;如果不是,那恭喜你找到了一个新考点,要通过一轮找重点、背重点,然后再回来验证。

第六步,复盘。找一个练习本,合上教辅,把前五步的所有内容在纸上默写出来。内容包括背的重要知识点,这些知识点的考法,每种考法的"坑",解题从哪入手。这一步比之前的五步都重要,因为这是检验当天学的知识是不是真正记住了。默写时要全面,尤其是知识点,不能简写,而是要一字不差。这样等整理完了,再翻开教辅和题目比对,就知道你的理解和标准答案有没有误差。如果有,修正,再复盘,直到没有误差为止。编筐编篓,重在收口,到这为止仅是知识输入,还需要一次知识输出,那就是把你的错题本刷一遍。如果有二次错误的题,这六步再来一遍;如果没有了,那恭喜你,重点全掌握了。

6 结果导向思维四步法2：知识模块化

每天听课、做题，不知道听到什么程度叫合格，做到什么程度叫到位。知识模块化，就是你要达到的目标。什么叫知识模块化呢？

判断题：立秋是二十四节气之一。（　）

这道题你肯定知道是对的，改成选择题：

以下四个选项中不是二十四节气的是（　）。

A.立秋　　　B.秋分　　　C.中秋　　　D.白露

这道题答案你也知道，选C，再改成填空题：

二十四节气有小暑，大暑，立秋，_____，白露……

是不是现在就没法秒答出来了，哪怕能答出来"处暑"，也没有判断题和选择题回答得快。最后，改成论述题：

请按顺序写出二十四节气。

是不是感觉难度更大了，甚至不会了。

你发现没有，平时从来没复习过二十四节气，但同样是关于二十四节气的试题，有的你能秒答，有的得想一会，有的可能就不会。为什么？因为"立秋是二十四节气之一"这个知识点不是一个完整的知识，而是一个知识碎片。

知识碎片，通俗地讲叫作冷知识。比如"毛肚是牛的什么器官"？你从来没学过动物学、解剖学，但你知道毛肚是牛的胃。第一次跟你讲这个知识点的人是谁你都记不清了，但这个知识点你忘不了。知识碎片的特点是，看一眼就能记住，而且不刻意复习也不会忘记。判断题好做，因为它考查的是一个知识碎片。选择题的四个选项，相当于考查四个知识碎片，只需要知道正确答案的那个知识碎片一样能做对。就像刚才说的，知识碎片不是完整的知识点，你掌握的知识碎片恰好能解这道题，你觉得你会了，但是换一道题甚至本题换一个答案选项，你就不会了。**所以，做题的目标永远不是把题做对。**在你掌握的只是知识碎片的情况下，只是把题做对是不够的。为什么同样是刷题，别人能提分，你就不行？因为你一直在重复学习知识碎片。而一个完整的知识点，能拿出来考的碎片有很多，随意变形就能产生一个新的知识碎片。就像刚才关于二十四节气的题目，只有把二十四节气按顺序背下来，才能把这四道题都做对。不仅如此，只要是关于二十四节气的题目，不管怎么改，怎么变形，都能做对。这才是题目背后隐藏的重要知识点。

知识模块化的意思，就是看到知识碎片能联想到完整知识点；进阶一点，看到一个知识点能联想和本章节其他知识点的联系；再进阶一点，从一个知识碎片出发，能把本学科所有相关知识点在脑海中梳理一遍。

还是拿毛肚举例子。从毛肚是牛的胃开始，牛一共有四个胃，毛肚是第几个胃，其他三个胃都叫什么名字，哪个是金钱肚，哪个是千层肚，这四个胃的功能有什么不同。牛是反刍动物，还有哪些动物也是反刍动物，它们的胃和牛的胃有什么不一样？这些知识点串在一起就像一张蜘蛛网，不管考哪个地方，你都能立马反应过来这是网的哪个部分。这就是知识模块化的理想状态。

如何培养这种能力？讲倒推法的时候，最后一步是复盘，就是写出一天学的所有知识点和考点，知识模块化就在这个时候完成。每天的复盘是织一张小网，每周、每月的复盘则是把小网编织成大网。这个时候肯定有人会问，你说的这张大网，不就是思维导图吗？那我背思维导图不就行了？

思维导图要用，但作用只有两点：一是告诉你重点有什么；二是为你呈现知识点的直接联系。你能看到的思维导图，不管是网上的还是教辅上的，都是别人脑子里的网。背思维导图，相当于往自己脑子里强行植入别人的思维方式，不一定兼容！因此，思维导图只有参考价值。先消化掉别人的东西，然后内化为自己的知识储备，再按自己的思维方式构造出的导图，才是最适合自己的。当随便提一个知识点，你眼睛一闭，就能把整本书的知识点全部铺开的时候，恭喜你，你已经是高手了。

7 结果导向思维四步法3：专项练习

经过题型模式化和知识模块化的过程，知识层面基本没什么问题，接下来就该刷题了。专项练习，就是针对刷题的。为什么要刷题？刷题是为了更好地背诵知识点。

你想用最短的时间把一个知识点背下来，最笨的方法就是重复足够多的次数。但是高中知识点太多了，就算有条件一直重复，等你背到结尾的时候，开头的可能就忘记了。所以，想真正把知识印在脑海里，从瞬时记忆转变成长期记忆，就需要和刷题联系。比如说，一个知识点的题目，你做过—错过—错了总结过—考前还看过，那在考场上再考一道相似的题目，你立马就能认出来，这题我做过。这就是把单纯的知识点与题之间的联系变成题与相似题、再与知识点的联系。这种联系比重复很多次要来得更深刻，因为这是基于你做题的情景产生的联系。比如你小时候的事，现在能回忆起多少？能回忆起的事，是不是都能想到某个具体的情景，如摔得很疼、吃得很香、特别感动等。这些你都没重复去背过，但记忆犹新，这就是情景记忆的强大之处。

我一直认为，背诵英语单词就不应该离开句子，离开文章，离开那个语境。毕竟一个英语单词单独拎出来，它有很多种意思。但是在某个题中表达的是什么意思呢？还是得放入原文的句子里面去分析。有的人做英语选择题，四个选项代入题干换个读一遍，就能选出正确答案，因为读起来更顺畅。专项练习的原理，就是把不同的东西绑定在一起，产生情景，进行联想记忆。以前有种说法"左脑负责记文字，右脑负责记图像"，虽然这个说法现在澄清了，但不可否认的是，大脑同时激活的区域越多，记东西越轻松，背得越牢固。

专项练习，分为四个步骤：

第一步，有明确的目标。这个目标就是我们讲题型模式化时说的一科一板块，也是知识模块化中说的重要知识点。

第二步,绝对专注。绝对专注指的是模拟考试的能力。考试的时候,你会发现你的注意力高度集中。为什么?因为考试时间在一点点减少,你怕答不完,答不完就会考不好,这相当于你一直在给自己心理暗示,紧张但很专注。平时刷题的时候,你可以设置倒计时,便于找到考场上的那种专注状态。还有一种方法是录像:你不自律,总想玩手机,那就将手机架起来摄像,把你今晚的学习过程全录下来。复盘的时候,就可以看一眼自己的录像。看看自己是不是全程保持学习状态,有没有走神,大概需要多久才能进入状态,每次能保持专注多久。然后,不断复盘调整,能保持专注的时间就会越来越长。而且,哪怕你知道没有别人在看你,你也有一种被人监视的感觉,自然而然就会把每次自学当成一次考试,这也是现在为什么网上有很多人直播学习。一方面,摆脱手机的诱惑;另一方面,有人看着,自己就不好意思偷懒了。

第三步,即时反馈。反馈比较好理解,最直接的反馈就是分数的提升,反馈就是学习成果。即时的意思,就是你的反馈一定要来得快一些。最好是学习刚结束,就总结学习成果。因为时间越长,反馈越弱。考试刚结束的时候,你还能拉着同学对答案,还能问问这道题你是怎么解的,那道题需要几条辅助线。但是,等到分数出来了,试卷到手里了,你都不记得考试时自己是怎么想的了。而在一天时间里,晚上写作业是反馈效率最差的,因为你写完就去睡觉了,想要得到反馈,起码要等到第二天老师上课讲解。你说你不努力吗?你作业写完了。你说你努力了吗?你就是完成了老师交代的任务,没有即时反馈,导致写作业的这段时间效率降低了。所以为什么我要教你"压榨"时间,挤出时间自学,目的就是让你写完一天的作业后,还有额外的时间可以复盘整理一天学到的内容,做到即时反馈。有了即时反馈,你才知道一天学习的收获在哪,仍未解决的问题在哪,这样第二天找老师解决问题就可以了。但是,这还是得等到第二天,仍然不够即时,这也是一对一补课能提分的一个原因。一对一补课,学生不用等,老师一直能提供即时反馈,就这么简单。

第四步,走出舒适区。每个人都有掌握程度高的知识和掌握程度低的知识。掌握程度高,做起题来正确率高,就特别愿意做这部分题,这就是你的舒适区。比如一道大题,每次都能解出第一问,每次就只练第一问,那就完全没意义了。哪怕把第一问练到10秒就能答完,其他问题的分还是拿不到。走出舒适区的重点在于每次学习都要学点有挑战性的内容,拿点自己拿不到的分,这样才能持续进步。否则,就是和臭棋篓子下棋,能一直赢,但越下越臭。

之前讲了在专项练习中如何刷题,下面讲另一种情况:刷套卷。

关于刷套卷一共有三个问题,刷套卷能不能涨分? 什么阶段、什么分数才适合去刷套卷? 如果我现在是低分段,应该刷套卷吗,怎么刷?

对于有的学生,一张卷子拿来,直接从头做到尾是错误的,因为它会浪费你的时间。考试和套卷用处相近,尤其是上高三之后的模考、联考,会非常频繁。这些综合性考试和套卷对成绩好的学生来说,是查漏补缺、总结答题技巧、提高答题速度。但是对于成绩一般的学生来说,不用考试一样知道自己的漏洞到处都是。有的学生在考试之前就能猜到这次能考成什么样子,那考试和做套卷的意义在哪? 分数出来之后,受到低分刺激的学生下决心发愤图强,然后开始整理错题。这哪是整理错题,那就是抄试卷。但这样本来属于你的复习节奏一直被考试打断,一次考试从备考到整理错题,需要五六天时间,高三一年有10次考试不过分吧,直接浪费了50天时间。

什么阶段才能刷套卷? 有三个阶段:

第一,准备阶段。目的是去套卷中找考点,找重要知识点。这一阶段刷套卷,只需要去观察,而不需要去做。

第二,归纳阶段。从套卷中归纳总结做题套路,提高做题熟练度,缩短答题时间。这个阶段不是所有学生都能做到,基本考到600分以上的学生才有归纳能力。这个阶段,已经不会在意题能不能做对了,而是在意能不能用更短的时间做对。

第三,备考阶段。此阶段积累的就是考试经验。比如先做哪里,后做哪里;哪几道题先空着,每道题分配的时间是多少,一道题花费多长时间就该停下先

第
七
天

做后面的题等。这些经验都需要在规定时间内做套卷才能积累出来。

低分段的学生应该怎么刷套卷？

首先，手里的套卷需要和高考卷的题目分布和布局是一样的，这样才有意义。

其次，只做大题。比如刷数学套卷，五套一组，每套卷只做第一道大题，只要试卷是标准套卷，你就会发现数学第一道大题往往考的是三角函数。根据我们的题型模式，三角函数就是同类型题，刷这五道题的时候，每刷一道都要复盘一遍。这道题复盘没问题了，才开始做下一道题。由于是同类型题，所以除了数字不一样，其他的基本没区别。什么时候你只看题干，就能把解题过程从头默写出来，就说明这类题你完全掌握了。这一组的五道题做完了，把笔记和答案合上，闭卷再答一组五道题。当你的正确率能稳定在80%的时候，这个板块就可以参加考试了。如果达不到，那就一直循环，直到正确率达到80%为止。

这种做法的好处在于，你复盘的题越多，就越能得到解某类题的通法。举个例子，为什么说看到导数题，第一步必须求导。这句话一开始是老师告诉你的，或是别人总结出来的，总之你知道怎么做，但不知道为什么这么做。在你自己不断复盘之后就会发现，不求导这题没法做，或者做的没有先求导快，这是你自己做题总结出来的。甚至，真遇到了求导比不求导麻烦的题时，没经过复盘，你还按老师说的先求导，然后做不出来。经过了复盘，你已经知道什么情况下先求导，什么情况下不求导。不知不觉中，你在这道题上的造诣开始接近你的老师了。

最后，刷错题。假如今天刷套卷，一共错了五道题。这五道题要在试卷上标一颗星，然后该复盘复盘，该默写默写，把这五道题弄懂。接下来是重点，隔一周之后，再把这五道题翻出来做一遍。如果全对，那就罢手；如果出现错第二次的题，那就再加一颗星，然后再复盘，隔一周再做一遍。间隔时间不一定非要一周，根据自己刷的题量可以酌情减少。重点是，不能在刚复盘之后就刷错题，否则题做对了，没法判断是真会了，还是瞬时记忆在起作用。如果间隔时间较长还能做对，那代表这类题你完全掌握了。

8 结果导向思维四步法4：思维定式

思维定式是考场上得高分的一种解释，能达到思维定式层次，很多都是考"985""211"的水平。一道题，做过—错过—总结过，考前还复习过，然后又做了一遍，没有问题。若在考场上遇到类似题目，就是"秒杀"。

这里的"秒杀"，不是短视频里教你的"秒杀"大招，更不是网课里教的"不看题也能做对"的怪招，那都是假秒杀。假秒杀，要么基于命题漏洞，要么基于特殊情况，是照着特殊题研究出来的。假秒杀的特点是：老师讲课的时候，他拿出来的例题都好用；但是你自己做题的时候，发现都不好用；或者老师讲的这种例题，你做题的时候根本碰不到。再说，高考命题人都是专家，每出现一道可以钻空子答对的题，都是高考命题的失误，而且命题人会研究市面上流行的各种"秒杀"大招，然后出题时主动规避。这样就导致了一个很有意思的现象，每个"秒杀"大招能解决的永远都是已经考过的题，纯粹是根据答案出题目。

真正的"秒杀"是什么？ 就是通过大量训练，把熟练度提升到思维定式的层次，让每道新题都是做过的题目的变形。思维定式能解决的问题，就是平时作业做得好，但是考试考得差的问题。出现这种情况，一个原因是你平时做作业不限时间，你的基础知识没问题，只要给你足够的时间慢慢做，每道题你都能做对；但是考试留给每道题的时间有限，规定时间内你就做不出来。另一个原因是方法你都会，但是准确度低，或者说慢慢想能想起来，但是考试一限定时间，原本记住的公式就忘了。

怎么才能做到思维定式？ 那就是将结果导向四步法的前三步——题型模式化、知识模块化、专项练习做到极致。

通过对题目的研究，找到需要掌握的重要知识点，带着知识点进行例题练习。通过复盘总结知识点与知识点之间的联系，形成知识网络；总结知识点与考点之间的联系，掌握解题思路。通过刷套卷，分析同类型题的解题通用方法和特殊情况；通过限时刷卷，模拟考试的时间要求，应用并验证自己总结的通用套路,养成见到某类题就知道各步骤该干什么的方法论;通过提升刷卷数量,不断熟练方法论,直到养成"肌肉记忆",就像数学大题先写"解"、语文作文先列提纲一样。至此,基础题的思维定式算是养成了。一张试卷到手,你可以先用半小时找到所有基础题并做完,保证一分不丢。接下来,在基础题的基础上,不断去增加训练难题的思维定式。到了这一步,考试只会错自己从来没见过的题,只要见过、做过,都能养成"肌肉记忆",因此成绩较差的学生也有机会逆袭成"学霸"。

9 如何激发学习动力

高中阶段的孩子如果发生了行为上的改变,基本上出现三种情况:

第一种,道德绑架。"你不好好学习,能对得起你爸你妈吗""你是学生,学习就是你的天职""让你学习这是为了你好"。这类话孩子最不爱听,能因为道德绑架做出行为改变的学生,大概率会变成两种情况:

一种是做面子工程,我不学习就是不孝,不学习就不是好孩子,那行,我学给你们看。我学习了,对得起父母的养育之恩、亲戚的关心,我问心无愧了。学得好不好,那就跟我没关系了,"我要学习"变成了"我要让别人知道我在学习""我认真学习"变成了"我看起来学习认真"。

另一种是产生逃避心理。大多数被道德绑架的人都会抵触绑架他的群体,因为道德绑架的前提就是用自己做不到的事去要求别人。比如"我当年有你现在的生活条件肯定好好学习"。因为时间不能倒流,孩子这辈子都没法验证这句话到底是不是真的。但有一件事是真的,那就是家长现在有良好的生活条件了,之前也没主动学习。在孩子的眼里,家长就是在耍无赖,反抗不了就只能逃避。原本只是懒得学,现在变成讨厌学习了。不学习成了对抗家长的手段。

第二种,利益驱动。利益驱动分为趋利和避害两个方面。先说趋利,每个人心里都有欲望,欲望越强,动力越强。再说避害,对于大山里的孩子,支持他们努力的内驱力就是"我一定要走出大山"。肯定还有那种想要通过知识武装自己,走出大山是为了改变家乡贫困现状的孩子。

第三种,观念改变。抛开一切外界因素,让孩子自发地想要去努力学习,核心在于成就感。高中阶段的孩子临近成年,越来越把自己当成一个成年人看待,不愿意依靠父母,希望通过自己的努力得到别人的认可,获得成就感。比如班里的体育特长生文化成绩往往不太理想,有的上课不听、作业不写,但是运动会的时候,从学生到老师,都会对他们格外关注。如果拿个冠军,鲜花掌声赞美都来了,这是体育生最有成就感的时候。登上领奖台的那一刻,是体育生内驱力最爆棚的时候。为了这一刻的感觉,他愿意以后艰苦训练,天天盼着下次运动会早点举行。

我们该如何激发学生的学习动力呢？可以给学生一个充分展示自己的舞台。

"学霸"总是越学越好，我想他们能从老师的表扬、家长的认同、同学的羡慕里获得成就感。为了留住这份成就感，他会更加努力地学习，保持住自己的地位。

成绩不理想的学生要获得成就感其实比"学霸"更简单，只需要某一科的成绩突然进步，就会得到家长和老师的表扬。千万不要定一个不切实际的目标，比如我要考到年级前10名。这个目标是虚无缥缈的，没法给你带来实质性的动力。你需要的是一个能拿到真实结果的目标，比如说下次考试某个板块的基础分我要一分不丢，下次考试数学要提高10分。只要出现第一次进步，就会尝到甜头，接下来就是良性循环了。第一份成就感到来之前，可能有一两个月的时间是最难熬的。这段时间，就要用到之前讲的结果导向四步法，一定要坚持住！

如何度过最难熬的两个月？

首先，找一个好的学习环境，学校、图书馆、自习室都可以，因人而异。为什么都说衡水中学厉害，去看看他们学校学生上自习就知道了，每个人都在学习，只能听见写字和翻书的声音。

其次，成绩不理想的学生一开始肯定没那么容易进入学习状态，这时建议你抄点东西，比如作文素材、化学方程式都可以，强制自己的注意力放在笔头和书本上。每次开始学习，就抄一会，抄到你开始主动思考写的这些内容时，你就进入了最佳学习状态，然后按照结果导向四步法走下去就可以了。

最后，这两个月之所以是难熬的，是因为你看不到分数的提升，得不到家长和老师的认可。这时每天学习一定要复盘反馈，这是唯一能证明你的学习是有成效的方法。随着反馈次数的增多，你能清晰地看到问题一个一个解决，错题一点一点减少。看见自己不断成长、变强，是这两个月最有力的强心针。坚持给自己反馈，等待属于你的那次考试，然后惊艳所有人。

10 如何使用错题本

从结果导向看,错题本的目的是什么——积累错题。那我只要能找到错题,目的就达到了,为什么非得抄到一个本子上呢?加深记忆?错题重要的是你为什么做错了,加深对错题的记忆有什么用呢?有些学生,错题本整理的那叫一个好看,字写得方方正正,题干重点用一种颜色标注出来,注释换一种颜色,解题思路又换一种颜色,还得加上点贴纸标签。我很认可这种学习态度,但是这多浪费时间啊!有这时间,背一背题目包含的知识点、积累一些考法,那才是实打实的提升。

因此,大部分情况不需要错题本,在哪本教辅上错的,就在哪里简单标注。标什么?标一个小记号,表示这道题我之前做错了,顶多再加一两个关键词,这道题因为什么错的。这里给的提示就很小了,"二刷"的时候基本可以当成一道新题。这样做的好处是什么——节省时间。

错误的过程和正确的解题思路,这是复盘时候写的东西。注意,错误的过程和错误原因不一样。错误原因不包括这道题的知识点,比如这种考法第一次遇见、题干看不懂、不知道公式怎么变化、算错了等。这不是给你做题指引方向,而是挖掘科目弱点。随着"二刷""三刷",每次都积累一点错题原因,你该定向解决哪方面问题就一目了然了。

如果你的错题分布在教辅、作业、套卷等多个地方,不整理清楚,"二刷"的时候来回翻看很费劲,也不用抄写。现在都是互联网时代了,买一台能和手机联网的打印机,现在的软件都能拍照自动整理成错题本。需要刷的时候,打印出来就行了。这一步都不需要学生亲自动手,让家长帮忙就行,这个节骨眼上没有不愿意帮孩子的家长。

错题本最有用的是什么,什么情况下最需要做错题?

第一,反复错的题,这个讲过很多次了。

第二,你没见过的题。

第三,易错点的总结。尤其是选择题,你觉得没有错,结果却是错的。生物化学这种题较多,前半句是对的,后半句也是对的,但是前后两句的因果关系是错的。这种题要记在错题本上。

以上说的三点,都整理在错题本上。这些问题全部搞定之后,再回头去看它们,考试中你会发现原来这些题我都做过。

错题本的使用规范。一定要把题目记在正面,答案过程记在背面。错题本是要用来"二刷"的,要保证看到的是一道纯粹的题目,没有提示、引导,全凭内化的知识储备、解题思路去再做一遍。"二刷"的时候,看看能不能想起来这道题上次是因为什么错的,当时踩的坑是什么?做完了一翻页,背面就是答案。这样才能真正帮到你!

错题本的使用频率。一周一次小复习,刷一次;一月一次大复习,刷一次。每次做错了,就加个标记。做对了但是用时太长,也加个标记。考试的时候,考到了错题本上似曾相识的题目,无论对错,都加个标记。最后,标记最多的这些题,要么是高频考点,要么是你的弱点、不会的,找老师问清楚就行了。我想,这种提问,你一定知道自己错误的原因是什么。

11 如何制订学习计划

很多同学认为,最理想的学习计划是一份非常详细的表格,具体到几点起床、吃饭、休息、下楼买东西,甚至洗衣服、擦鞋都写进去。但这种计划,除了能感动自己,没有任何作用。你去问做计划的人,几点到几点应该在干什么,他都得现翻表格,这种计划越详细越没用。

所以,千万不要以天为单位做计划,因为每天发生的事无法预估。抛开别的不谈,就几点睡觉这件事来说,你计划11点睡觉,11点你就能睡着吗? 你不是机器,到点关机就休息了。假如今天你就是入睡困难,第二天早上还要按时起床吗? 困怎么办? 因为困,原定的7点到8点背单词没背完怎么办? 是吃早饭,还是继续背? 那是不是所有的时间都得往后延?

制订一份正确的学习计划,首先要找问题。比如现在想一下,你数学有什么问题? 大多数人都能说出来,我数学一般能考多少分,哪个板块经常会错。不够! 再细化,你是这个板块的哪个题型经常出错,出什么错? 如函数没学好,函数的定义域、值域问题经常弄错,那你就针对这个问题制订学习计划。是进行基础知识点学习,还是刷题? 刷题是刷教材上的例题,还是刷教辅试卷上的题? 刷哪本教辅,哪套卷子,第几道到第几道? 大概要学多久? 这部分时间是从课间省下来还是从自习中省下来? 需要在几点之前把作业写完? 这些才是你计划里应该有的东西,每一条都是为了解决具体问题。

周计划,我认为是最合适的,不太长,也不太短。如果能全身心地投入学习,有背诵、有刷题、有复盘,那一周能解决两科的两个板块就已经很不容易了。不要觉得只学两个板块太少了,先坚持下来再说。低心理预期带来的是高满足,要是每天都安排一科,又要限时刷题,又要整理错题,又要复盘,一周不到你就得崩溃,然后就是计划终止,一科都没搞定。下一周该怎么计划? 这个根据个人情况而定。如果你每科都很差,那就一周换两科,三周轮一遍。如果你只有一两科差,连续三周一直攻这两科是可以的。总之,哪科更差,哪科提分更容易,哪科在一个月内出现的频率就越高。如果是走读,一周可以安排三科。毕竟在家不用早熄灯,每天可以多学1小时。如果你感觉学得很累,可以数学搭配英语,物理搭配语文。只要能保证你一直在解决问题,怎么组合都无伤大雅。

所以,学习计划并没有你想的那么繁琐,但也没有我说的那么简单。我只讲了一个周计划,还有考前复习计划、高三全年规划、预习计划,都在之前的内容中讲过了。如果你按照计划坚持了一周,然后来找我说成绩没提升,那我觉得你也没什么太大出息。凭什么别人努力的时候你在玩,现在你努力一周就想看到效果?

世界上不存在一种照搬过来就能提升所有人学习效率的方法,借鉴前人的成果经验,应用到自己身上,结合实际去修改,才能让你的学习计划越来越好。没有一成不变的模板,一切都以适合自己为标准。这本书就是告诉你,按照怎样的方向走,才能更快找到属于自己的路。

12 高中九科提分技巧

语文提分技巧

语文这门学科很神奇,补课或不补课,听课或不听课,成绩不会有太大波动。语文是一门慢慢积累的学科,多年的持续积累,才有可能得到高分。如果你现在是高一,上课认真听,作业认真做,古诗文认真背,坚持课外阅读,到了高三分数自然不会低。但是如果你现在已经是高二、高三,没那么多时间积累了,下面的内容对你或有帮助。需要强调的是,这主要是给语文成绩100分以内的同学作参考。

首先说一个反常理的结论,语文成绩和大部分语文课的关系不大。想一想,你上语文课,老师都在讲什么?讲课文,偶尔点评优秀作文、评讲试卷,这些课对直接提分关系不大。只有老师上课讲解各种修辞手法的作用、关键词怎么提炼等这种针对具体题型答题窍门的内容,才对直接提分有帮助,但这类课占比较低。

从结果导向出发思考,语文阅读、诗歌鉴赏、作文材料,命题人给你的这些文本,想考的是什么?是考你能不能读懂,懂谁,还是懂作者怎么想?高考语文最经典的考法就是2017年浙江卷那篇"鱼眼中闪过一丝诡异的光"。大家都去问作者,诡异的光是什么意思,结果作者也不知道自己是怎么想的,就是当时写出来了。因此,实际上你要懂的是命题人是怎么想的,你要和命题人的观点产生共鸣,这就是语文提分的重点。怎么能知道命题人的想法呢?看答案解析!带着答案看文章,找到答案思路的来源。比如答案是这样解析:这段描写表达了人物什么样的心情。那你就从原文找这段描写,然后思考答案是通过动作、语言、神态还是环境烘托分析出来的,下次遇到同类题的时候,是不是可以从这几个方面分析?接下来就是进行之前说的一科一板块的刻意练习,单找十几道题,专门做分析人物心情的部分。做好复盘,就能总结出分析人物内心活动的试题,都是类似的思路。这类题的分你就有较大把握拿到手了。

怎么积累基本功? 首先,文言文120个实词和16个虚词、常用句式一定要背,各种一轮复习资料里都有,高一、高二可以提前背。其次,高考要默写背诵的古诗文,高一、高二时一定要背,但如果时间很紧,阅读、赏析、作文这些提分明显的部分要优先分配时间。最后,语言文字与运用部分和阅读部分训练方式类似,都是按照一科一板块去有针对性地刷题,同时做好复盘。

作文该怎么写? 对于低分段学生,只推荐写议论文。议论文写作模式:开篇点题,提出中心论点,然后分论点论证,最后总结。写议论文只需要立意和合理运用素材。立意正确,素材选得好、运用恰当,语言优美、表达流畅就能拿到很不错的分数。立意,语文老师只要讲作文,就会帮你分析。需要自己积累的,就是作文素材。怎么积累? 每天盯着时政新闻看,还是精读古今中外的名作? 整理作文素材的教辅很多,买一本就行,不过要注意素材一定要新。年年都是屈原、爱迪生,阅卷人早就视觉疲劳了,陈旧的素材没法获得高分。如果你用的是马斯克、北大"韦神"这类新素材,或者"感动中国"里的道德模范等,就会给阅卷老师带来新鲜感。作文素材需要积累,但不用背。你要做的是把素材当成故事书或者小说不断翻看,学累了看几页放松一下,只要能记住讲的是谁、做了什么事、能说明什么道理就行。

数学提分技巧

高中数学,120分是个坎。大多数学生的高考分数都在100~120分,再想提升有些难度。你会发现,数学高考题如果前面部分简单,后面就会有特别难的试题,尤其是涉及圆锥曲线和导数部分,压轴题的最后两个小问会特别难。加上选择、填空题的最后一道题很难,这样算下来,剩下的差不多也就120分。所以,如果经过努力数学分数能稳定在110分左右,已经算很不错了。其他学科足够好的情况下,稳定在120分左右,达到一本线没问题。

怎么做数学能达到120分? 首先,一定要学会放弃。有些人的努力方向都错了。比如你的数学现在只能考40分,离满分150分还差110分。你要做的,就是把120分当作目标。要考到120分,每道题你需要拿几分?如全国甲卷,选择题12道,一道题5分,争取做对10道题,就是50分。填空题4道,一道题5分,做对3道题,就是15分。必考大题5道,一道题12分,一般来说,第一问4~5分,第二、三问哪怕做不出来,也有步骤分。平均每道题拿8分,这就是40分。选考大题10分,一般能拿6分。这样,总分加起来是111分。大题中,像概率统计、数列、立体几何等相对简单的试题,能拿10分甚至满分。120分,这不就出来了!

因此,你的目标要明确:保证选择题前10道,填空题3道,所有大题的第一问,简单大题的第二问,难度较高大题第二问的步骤得分。这些答完了,再争取攻克其他难度较大的试题。按照之前讲过的结果导向四步法,将这21道题逐个拆解考点,细化成重要知识点,一次针对一类题型集中刷题。你放心,这都是基础题,就算改动再大,基本都在这个范围。你需要做的,就是一次将一类题型吃透,然后继续攻克另一类题型,一类一类题型组合起来,120分就有希望了!

这种方法的好处在于,这是流水线式的方法。关键是要懂得取舍,主动放弃难题、偏题,能拿到手的每一分都力保不丢,这样才能稳步成长。

英语提分技巧

英语提分方法,跟之前讲的结果导向四步法有些差别。当然,"压榨"时间、制订学习计划、刷题复盘这些通法是可以用的。但是,英语这类需要背诵积累的学科就没有取舍问题,每一类题型都有拿高分的机会。

90分以下,首先就是背单词。单词是英语的基础,词汇量不够,试题就会看不懂。如果你现在是高一,基础非常差,你还有机会补救,先把初中1500个词汇背了,然后再背高中3500个词汇;如果你现在是高二,时间只允许你去背高中3500个词汇;如果你现在是高三,时间更紧,先把高中必考的800个词汇背了。

背单词,一定要嘴读、手写、眼看、脑子想。人脑的构造决定同时激活的区域越多,记东西就越牢。

90～120分以上,加强听力、作文、完形填空、阅读理解这些板块训练。

120分以上,专攻语法。如果追求英语高分,可以专攻语法。

单词决定英语成绩的下限,语法决定英语成绩的上限。我们主要来讲各板块如何学习,如何快速拿到120分。

作文。英语作文就是抄,抄什么？抄范文的行文结构:范文是怎么开头的,怎么结尾的,中间是怎么组织的。这个结构可以直接拿来用,只要把素材换成自己的,往框架里填素材,用点好词好句,高分作文就出来了。高考英语作文一般考查六个方向,用一句口诀叫"电工环游假和传统文化"。

电,指电子商务和电子产品,让你就互联网购物、电子产品发表看法、评价;

工,指工作,就是招聘求职,让你以求职者的身份介绍自己;

环,指环境与环保,让你对环境问题发表看法;

游,指旅游,介绍一个旅游景点或者旅游城市;

假,指放假,就是课外活动,介绍一种课外活动;

传统文化,为什么单拿出来说,因为这是热门中的热门,考查频率高。

方向定了,接下来就是积累这六个方向的范文素材。每个方向积累5～10篇素材,完成5～10篇作文,六个方向准备60篇左右,英语作文就能拿到一个不错的分数。

英文字体。语文的字很难练出来,但英语的字是可以练出来的。可以练习网上很火的衡水体,核心思想是把字母写得很圆,没有连笔,上下没有夸张的花体出头。这样看着干净工整又清晰,视觉效果好,阅卷老师就愿意多给一点卷面分。练习衡水体,买本字帖照着描写,一般来说,很容易练成。

听力。单词没问题的情况下,听力很少有听不懂的情况,更多是播音员的语速你跟不上。你还在想上句话是什么意思,下句话就念完了。因此,练习听力,首先不要直接拿题来做,而是直接去看听力材料的原文,把原文的意思看懂,接下来可以一边听一边做题。基础差的,先开1/2倍速听,要做到"听见声音,脑子里就能浮现出刚才看的原文的意思"。1/2倍速能跟上了,就可以3/4倍速、正常速度一点一点慢慢适应。等到什么时候3/2倍速你能听得很清楚,那就可以不断找题去练习了。你适应3/2倍速,高考考场上的听力对你来说就是慢放,拿高分就容易了。

完形填空和阅读理解。如果你处于突击英语的阶段,一周建议你练习两次,一次限时50分钟,做一个"完形填空+四个阅读"的配套练习,跟高考的模式一样。前期试题做不完很正常,既然限时50分钟,到点没做完就必须停。考试时遇到不会的选项,你会把题空着吗?肯定不会吧,随便选一个也不能空着,还有25%概率得分呢!所以,日常练习时也要这么做,遇到纠结的试题先跳过,最后时间不够了再选一个选项。

做阅读理解第一步肯定是先看题目,而不是先读文章。做过阅读理解试题都知道,经常有这么一类题,问文章中的那句话表达的是什么意思,所以你得先看题,才能知道问的是哪句话,再去文章中找这句话,前看两句、后看两句,找到这么一个小段落就能做对这道题。不用把文章读懂,你没那么多时间。主旨大意题,也不需要读完全文。语文作文、英语作文,你都知道开篇点题、结尾扣题,阅读理解的主旨大意就在开头和结尾。完形填空正好反过来,一定要知道文章讲了什么事,要表达什么含义,这样中间填空的时候才有迹可循。

物理提分技巧

物理学科以"难"出名。这种难是实打实的,看题第一眼第一步该做什么都不知道。问10个人,8个人都会告诉你,物理重理解,只要理解了就不难。高手不见怎么学,次次考到将近满分,成绩较差的学生只知道努力背考点,一做题还是两眼一抹黑。这里不做详细的知识点普及,我要讲的是,怎么理解物理。

定义和概念,这是物理的基础。对于低分段学生,这是提升到高分段的基础;对于高分段学生,这是冲击满分的基础。物理定义、概念并不是会背就行,一字不差地背下来并不能对解题有什么实质性帮助。对于概念本身,知道是什么只是达到最低要求,但是知道不等于掌握。高中学习的第一个板块是直线运动,你知道什么是速度、加速度,速度—时间图像题你就会解,位移—时间图像题也会解,甚至都知道图像围成的面积代表什么,但是遇到位移—速度图像题,你一下子就懵了。为什么?因为老师上课没讲过。这次遇到你会做了,结果下次考试换成速度—位移图像题,你又懵了。所以,对于定义和概念,不能追求知道,而是追求掌握。什么是掌握?以上面内容为例,任他试题怎么出,最后都要落在基本概念中,都逃不出速度、位移、时间、加速度4个物理量之间的关系。你能解速度—时间图像题,因为你知道斜率代表的是加速度;你能解位移—时间图像题,因为你知道斜率代表的是速度。位移—速度图像题,你不知道两者之间的联系,但你知道它们都和时间有直接联系,所以把时间补上,斜率 $\dfrac{\Delta x}{\Delta v} =$

$\dfrac{\Delta x}{\Delta t} \Big/ \dfrac{\Delta v}{\Delta t} = \dfrac{v}{a}$,这就变成了速度—加速度图像题。再分析运动状态,就一目了然了。因此,不管什么问题,最终都能联系上基本概念。对于基本概念的理解越深,就越能找出题干中已知条件、未知条件、隐藏条件之间的联系,缺什么求什么,缺什么补什么,做题也就得心应手。怎样才能深入理解基本概念呢?问老师。但不要问这道题应该怎么做,而是问老师这一步为什么能想到这样转化,我怎么才能想到这样转化。

物理公式。为什么先讲概念定义,再讲公式,就是怕你死记硬背公式。高中物理的公式真不多,一类是教材上的基本公式,也叫一级公式;另一类是通过一级公式变形、联立、转化得到的二级公式。一级公式只要基础不是太差都能记住;二级公式往往很长,参数很多,大多都是分式和根式。最理想的情况,是把二级公式当作一级公式用。前面提到过,题干中有已知信息和未知信息,正常的解题思路是用已知信息求出未知信息,再把未知信息代入一级公式得到答案。而二级公式,通过公式之间的转化,直接把已知信息变成答案。听起来很美好,但实际情况是如果基本概念理解不深,对公式的来源不够了解,就会出现参数都给你了,你却想不起来用哪个二级公式。因此,二级公式最忌讳死记硬背。只有自己亲手从一级公式推导出二级公式,而且把每个参数都放在等号左边推导出二级公式变形,才能做到得心应手。做到这一步,一张物理试卷考七八十分没有问题。

物理模型。仅把物理基本模型背下来没有用。高中物理基本模型12、16、24个的版本都有，如果对基本概念和公式掌握不够牢，就算你背下所有模型，出题人随便加上一个条件就是一道新题，你还是不会分析。说到底，物理的核心就是理解。理解到什么程度，就能取得相应的成绩。如果自身理解能力实在是有限，和学校老师没太多沟通机会，物理是值得补课或上网课的。理解能力是一道坎，没迈过去，就是难到怀疑人生；开窍了，跨过去了，就是妙笔生花。

化学提分技巧

进入一轮复习，感觉又从高一开始学了一遍。化学研究是从实验出发，从实验中发现现象，从现象中总结物质性质，从性质中归纳原理，用原理推测新物质的性质，然后再用实验验证性质。这是一个环，串联各个环节的是化学方程式和化学计量。由于是一个环，所以从任何一个地方出发，都能走完化学学习过程。初中化学分为做实验和物质性质两个部分，而且以物质性质为主。为了和初中化学衔接，高中化学是从元素与化合物的性质开始，然后是元素周期律、化学反应原理，最后是化学实验和工业流程。你奇妙地发现，每学一个新板块，都能覆盖之前学的板块，要么能带来新的理解，要么能纠正前面一些不严谨的说法。学好高中化学的核心目标，就是掌握反应原理。记住这个反应原理，下面的每个部分都会提到。

首先，老生常谈的问题，化学方程式需不需要背。这个问题，要看你处于什么水平。不管是几年级，化学成绩50分以下，教材上的方程式必须背。化学的基础无非就是物质的颜色、状态、气味、密度、熔点、沸点，能和哪些常见物质发生反应，以及本身能发生的特殊反应。颜色、状态等这些性质，比如氯气是黄绿色气体、密度比空气大、有毒，这类知识是我们提到的知识碎片，不用刻意背诵，见多了就能记住，不复习也不会忘。发生的各种反应，最后都是通过化学方程式来呈现的。开篇已经讲了，化学学习是要从旧物质推理出新物质的性质来。教材上的方程式，就是旧物质的性质，这些基础的方程式都很好记，系数也不复杂。如果你初中化学的配平没问题，那可以更简单，只记反应物、生成物和反应条件，然后自己配平。现阶段还配不平的，就记系数。

其次，当你把基础筑牢，分数来到50分以上，就可以开始攻克化学反应原理了。化学反应原理可以给化学学习减负，原理掌握得越好，你需要背的就越少，学起来就更轻松。比如你掌握了氧化还原反应的原理，就学会氧化还原方程式的配平；掌握了离子反应的原理，高中阶段的化学方程式，哪怕是陌生物质的方程式，你都能写出来。如果到了这个阶段你还在硬背方程式，那就掉坑里了。还是那句话，考试考查的是你运用反应原理写出新物质的方程式。世间物质何其多，高中化学才学几个？不管你背了多少，考试考到的永远都是你没背过的方程式。背得越多，浪费的时间可能就越多。怎样能总结出反应原理呢？这就要用到我们之前讲的倒推法了。掌握了反应原理，化学成绩就会在70分以上，氧化还原、离子反应、物质的量、元素周期律这些板块基本就没问题了。

再次，化学反应速率与化学平衡、溶液中的三大平衡这两个板块，是高中化学最难的两个板块。这里的学习策略就很像物理学科，理解比背诵重要。理解得越深，得分就越高。这两个板块可以用我们的结果导向四步法，从同类题型中总结解题思路，熟练使用三段式和二级结论解题。和物理不一样的是，化学的二级结论一般是针对特殊题型的，这是可以背的，出什么题就用什么题的二级结论，能显著提升做题速度。

最后，对于化学实验和工业流程这两道综合性大题，建议先拆解、后综合。综合性大题一般有五六问，每一问考的往往都是不同板块的内容。比如第一问考实验基础，第二问考氧化还原，第三问考化学平衡，这就很符合我们一科一板块的方法。所以，可以先拆解，集中刷同类题，比如10道工业流程题都只做氧化还原那一问。这样一个个板块刷下来，这道大题能拿的分就会越来越多。但是，这些板块毕竟是出在一道题里，每一问之间都有联系，经常会出现上一问的答案是下一问的已知条件，所以在拆解刷题之后，还要综合训练，训练如何从题干中找到隐藏条件，如何根据上下问将一个实验过程或工业流程整合起来。能到这一步，化学离满分就不远了。

生物提分技巧

生物不背拿不了高分,仅靠背同样拿不了高分。高中生物,被称作文科中的理科,理科中的文科。因为生物像文科一样,需要记忆大量琐碎的知识点,但考试像理科一样,需要运用分析推理去解题。因此在新高考之前,生物明确被归为理科。作为需要大量背诵的学科,可以使用倒推法来提高记忆效率。生物学科学习注意点:

生物学习口诀:扫一大片,挑一条线,重实验。

"扫一大片",扫的是教材,高考生物60%的内容都来自教材,一定要记住教材上的重点内容(黑体加粗),这些内容是对核心知识点的高度总结。记住是第一步,拆解句子是第二步。怎么拆解?以生物必修一的难点"细胞呼吸"来说,教材上的黑体字有段话:

有氧呼吸是指细胞在氧的参与下,通过多种酶的催化作用,把葡萄糖等有机物彻底氧化分解,产生二氧化碳和水,释放能量,生成大量ATP的过程。

这里可以像语文缩句一样,拆解成几个问题:第一,有氧呼吸是什么?是细胞分解有机物的过程;第二,条件是什么?氧气、多种酶的催化作用。没有氧气参与发生的叫有氧呼吸吗?第三,原料是什么?葡萄糖等有机物。没有葡萄糖就一定不能进行有氧呼吸吗?不是,因为还有"等有机物";第四,产物是什么?水、二氧化碳和大量ATP。你看,这四个问题拆解出来了,原本非常规整的一句话就能挖出好多坑来,这四个问题就可以出选择题的四个选项。当你把整本书的黑体字都拆解消化掉了,生物就能拿到60分以上。

"挑一条线",挑的是知识体系。高中生物的几大板块,细胞、遗传、生理、生态,看似是互相独立的,实际是从微观到宏观、从个体到种群的连续流程。上一个板块是下一个板块的引子,下一个板块是上一个板块的延伸。想一下,细胞生命历程里的最后一步,是细胞的增殖和分化。细胞增殖里讲了细胞分裂,由于细胞分裂时染色体的分离和自由组合,引出了基因分离定律和自由组合定律,然后就是遗传的内容。细胞分化是分化出组织和器官,这就引出了生理的内容。生态的种群,是由个体引出来的。因此,生物的知识体系,或者说知识导图,可以从里到外把整个高中生物用一条线串联起来。

这条线,能解决一个非常常见的问题。很多同学说自己生物学不好,就是遗传学不会,然后专攻遗传。实际上这是错误认识! 因为细胞、遗传、生理是连续的流程,是一条线。遗传没学好,证明细胞的下半部分,即细胞分裂你一定没学好。同时生理的上半部分,即内环境与稳态也一定没学好。三个板块都没学好,只盯着一个板块刷题,成绩还是上不去。

"重实验"。教材上所有实验的目的、原理、方法和操作步骤,以及每一步的原因都很重要。如果你觉得生物考90分以上就满足了,那你记住大概意思就可以。如果你要追求满分,那必须背得一字不差,生物真的会考教材原文。实验题要拿满分,必须规范答题术语,教材上的原话就是最好的答题术语或模板。

历史提分法技巧

想学好历史,就要有历史学习思维。这是高考考查历史、政治、地理的主要思维,即文科思维。理科思维讲究推理论证,对就是对,错就是错。不同情况分类讨论,得到的都是确定的答案。但文科思维不同,这是一种辩证思维。任何一件事都有正反两面,要同时分析优点和缺点。很多人到高中还用理科思维学习历史、政治、地理,成绩自然不理想。

文科思维或者说辩证思维,到底有什么特点? 以鸦片战争对中国的影响为例,一方面,清朝政府逐渐沦为列强统治中国的工具,中国由一个独立自主的国家逐渐沦为半殖民地半封建国家,原本占主导地位的自给自足的自然经济受到强烈冲击,中国日益成为世界资本主义市场的一部分。但从另一方面来说,鸦片战争之后,一部分知识分子抛弃陈旧观念,萌发了向西方学习的新思潮,对封建思想起到了冲击作用。这就是辩证思维!

目光拉回到历史试卷上，历史学科该怎么提分？

历史试卷，包含选择题和主观题两个板块。

先讲选择题。选择题由题干和选项组成。仔细阅读题干，先不急看选项，而是要进行分析，找到四要素：谁、什么背景、什么时候、做了什么。这一步很像语文的缩句练习，略过书面描述，只留核心要素，以下面这道高考真题为例。

西晋至唐初，皇子皇弟封王开府，坐镇地方，手握重权。唐玄宗在京城专门修建一座大宅邸，集中安置诸王，由宦官管理，称为"十王宅"，又仿此建"百孙院"。此后，唐朝沿用该制度。由此可知，唐后期对皇子皇孙的安置（　　）

A.削弱了藩镇势力　　　　B.强化了分封制度

C.凸显了专制集权　　　　D.动摇了宗法制度

先找四要素：谁？唐玄宗。什么背景？唐初，皇子皇弟坐镇地方，手握重权。什么时候？唐代，唐玄宗时期。做了什么？把诸王关在房子里了。四要素厘清了，不看选项，我问你，唐玄宗为什么这么做？背景是不是告诉你了，藩王手握重权。唐玄宗做了什么？把手握重权的藩王关起来了。那他要干什么？是不是很容易就能猜到，他要避免藩王坐镇地方手握重兵，加强中央集权。看选项，历史题的选项错误，一般分为三类。

第一类错误是史实错误。如这道题A选项，乍一看跟中央集权是一个意思。但是本题问的是什么，是唐后期对皇子皇孙的安置，唐后期藩镇的长官不是皇子皇孙担任。

史实作为历史的基础，一定要背。背史实的目的，是一眼看出选项中的史实错误。史实怎么背？以时间、地点、人物、重大事件为索引，按朝代背下去。除了大事年表里的重要事件，主要人物需要精确到哪一年、是谁，其他的只要大概知道年代和有谁就行。

第二类错误是符合史实，但答非所问。看B选项，分封体制确实有，但题干里讲的是收回权力而不是分出权力。想快速排除这种选项，就要刷题，不要做套卷，按照我们之前讲的一科一板块，针对性刷题，做好复盘。

第三类错误是不够严谨。看D选项，以前王爷是分配到地方去带兵，唐朝是变相软禁起来。这算不算动摇了宗法制度，如果这里的宗法制度是指先秦的宗法制度,那说的不是一回事。如果理解为皇室的特权,那肯定算是把祖宗定的规矩改了。因此,C、D两个选项都能说得通,但是材料中没体现对于整个宗法制度有什么影响,C更严谨。对于这种选项,需要拥有人文情怀,这需要大量阅读才能养成。读什么?不需要把二十四史读一遍,读历史题的材料和答案就可以了。因为这是出题人写的,读得多了,选择题拿高分水到渠成。

相对于选择题,主观题的提分更简单。你去网上搜答题模板,整理得又全又精,死记硬背就能取得较高的分数。需要强调的是,刷选择题和主观题时,一定要做到在规定时间内做完,这样到了考场上,即使考虑到紧张因素,答题节奏也会更好。会的没写完,永远比不会更难受。

政治提分技巧

高中政治,到了高三一轮复习才算是正式开始。高三前,不管成绩如何,都不建议在政治学科上占用大量时间,因为绝大多数普通高中都是一轮复习才开始系统地教你怎么做政治大题。高一、高二的政治课,老师基本都是梳理教材,单纯做名词解释,周考、月考试卷和高考真题卷相差很大。高一、高二的时间,政治成绩提升效果不明显,甚至不如语文,这段时间重点放在提分效果更好的学科上。如果想提前学好政治,可以课前上网找资料或上网课,都能取得成效,避免浪费时间。

高中政治学科虽然叫政治,但是并不考你真正的政治,更不是培养你分析国家大事的能力。有人说,政治是不是得多看新闻和报纸啊?只能说,你看了会有点用,但不会一定让你得高分。翻开一套高考真题的答案,看看有多少内容是看报纸看新闻就能答出来的?

高中政治一直是文科中相对简单的学科。政治的题型考法很少,不像数学、物理,难题需要灵感才有思路;也不像历史,依靠人文情怀去思考。政治题型见过了、记住了,大多数就会了。

政治选择题,先看选项再看题干材料,有时甚至可以不需要看材料。只要掌握了基础知识点,那种带有明显知识点错误的选项,就可以直接排除。比如"联合国是维护世界各国核心利益的制度保障",因为联合国维护的是各国的共同利益,所以该知识点很容易排除。如果只剩一个没有硬伤的选项,那这道题就做完了;如果多个选项说的都是对的,那就扫一眼材料,选出和材料直接相关的。政治知识点完全可以按照我们讲的倒推法去记忆,而且很适合直接借鉴别人总结的材料。

政治大题,可以按照结果导向四步法,一科一板块去定向刷题、总结题型。每个板块总结出知识点框架,每个板块照着标准总结出常考题型和这些题型的做题流程。做题流程有了,看到题干信息,你就能跟触发关键信息一样,立马反应过来第一步答什么、第二步答什么。需要强调的是,一定要先刷高考真题。因为文科考查的是文科思维,没有理科那样绝对正确的标准答案。模拟题会因为出题人的水平不同导致答案质量参差不齐,所以一定要先刷真题,真题吃透了,再去刷模拟题。答题模板在前期刷题的时候,可以直接去网上查找,或者请教老师。因为你总结的和别人总结的不会有太大差别,起码70分之前,都不需要自己总结。等你刷的题足够多了,再按自己的习惯改动一些,形成一份专属于你的完美模板,用着更得心应手。最后,要积累政治高考真题标准答题术语,用标准的"政治语言"替换你知识网络和答题模板里的口语化表述。答题术语越标准,你的答案会显得越专业,这是从高分到满分的最后一块拼图。

地理提分技巧

地理作为文科学科,高考考的是背诵知识点?肯定不是!一张地理试卷,一般直接考教材内容的部分不到5分,知识点变形和理解的部分不到20分。因此,地理知识点,你知道、理解,能大概说出它是什么意思就算合格,不需要占用大量时间细致背诵。

高考地理主要考查什么呢?

第一,读图能力。包括地图、等值线图、统计图、照片和其他地理信息图。

地理无图不成题,要么直接以图考,要么将图用文字表述出来再考,看你能不能从图中挖掘到足够有用的信息。读图能力怎么训练?针对性刷题,要训练读地图能力,只能刷地图试题。自己先将地图中能找到的信息全写出来,再去看答案,看有没有还没读出来的信息,这样反复对照答案慢慢积累。地图读懂了,再集中刷等值线图类、统计图类等试题。

第二,分析能力。地理很少直接考知识,但一定会考查能力。如何区分?如果你能通过教材、上网直接得到答案,那就是知识。如什么是厄尔尼诺现象?你上网一搜,肯定能得到答案。能力,看不见摸不着,但又真实存在,需要通过自己的理解和技能完成某项任务。比如涡旋,教材中从来没见过这个概念,但题干里会解释什么是涡旋,然后你要用题干中的信息去完成这道题,这就是在考查你的分析能力。

地理选择题。地理选择题四个选项本身可能都是对的,比如我为什么这么胖?A选项,因为我饭量大、吃得多;B选项,因为我整天躺着不运动;C选项,因为我爸妈都胖,我遗传了肥胖基因;D选项,因为我得了某种罕见疾病。这四个选项本身都对,都可能是我肥胖的原因。选哪个,要看题干信息给了什么。题干给什么,就选什么。地理选择题考查的是精细化能力,是选出最优解的能力。

地理主观题。主观题正好和选择题反过来,选择题是精细化,主观题是全面化。地理主观题评分采取的不是扣分制,而是采分制,就是和标准答案的采分点比对。答案上有的点你没有,不得分;你写的点答案上有,得分;你写的点答案上没有,不扣分。因此,对于地理主观题,要按照结果导向四步法整理答题模板。对于一个板块的、问同一件事的试题,答案里出现的所有解读角度(即采分点),你都积累下来,这就是答题模板。随着刷题量的增加,只要出现了新的采分点,就添加到答题模板。这样慢慢积累,考试时跟题干信息有关联的都作答,那就基本能覆盖标准答案的采分点,主观题取得满意成绩指日可待。